Gerd Wolfgang Sievers

111 Orte in Istrien, die man gesehen haben muss

emons:

Bibliografische Information der Deutschen Nationalbibliothek
Die Deutsche Nationalbibliothek verzeichnet diese Publikation
in der Deutschen Nationalbibliografie; detaillierte bibliografische
Daten sind im Internet über http://dnb.d-nb.de abrufbar.

© Emons Verlag GmbH
Alle Rechte vorbehalten
© der Fotografien: Gerd Wolfgang Sievers, außer
Seite 171: zur Verfügung gestellt vom Restaurant Monte
Layout: Eva Kraskes, nach einem Konzept
von Lübbeke | Naumann | Thoben
Kartografie: altancicek.design, www.altancicek.de
Kartenbasisinformationen aus Openstreetmap,
© OpenStreetMap-Mitwirkende, ODbL
Druck und Bindung: B.O.S.S Medien GmbH, Goch
Printed in Germany 2016
ISBN 978-3-95451-858-6
Originalausgabe

Unser Newsletter informiert Sie
regelmäßig über Neues von emons:
Kostenlos bestellen unter
www.emons-verlag.de

Vorwort

Bis heute steht am Anfang eines jeden Istrien-Buches die Frage: Wo fängt Istrien an? Das Problem ist die Tatsache, dass das geografische Istrien und das politische Istrien nicht deckungsgleich sind. Geografisch betrachtet würde Istrien bei Triest/Muggia in Italien beginnen, über die slowenische Adriaküste hinuntergehen, die sogenannte Gespanschaft Istrien umfassen, und schließlich würde auch noch die Ostküste Istriens bis Rijeka dazugehören. Doch die Politik hat es anders gewollt und aus Istrien ein bis heute geteiltes Land gemacht: So gibt es nicht nur ein italienisches, slowenisches und kroatisches Istrien, sondern es wird auch das kroatische noch einmal geteilt, weil weite Teile der östlichen Halbinsel heute zur Region Kvarner gehören. Für dieses Buch wurde der kroatische Teil der Istrischen Halbinsel, bestehend aus der Gespanschaft Istrien samt der istrischen Ostküste bis hinauf nach Opatija, bereist.

Istrien wird in Farbzonen unterschieden, was mit der Erdbeschaffenheit zusammenhängt. Unter dem sogenannten »Weißen (oder auch Gelben) Istrien« versteht man das Gebiet der Ćićarija, mit »Grauem Istrien« bezeichnet man das Bergland Istriens, das die helle an Ton reiche Erde zwischen Kap Savudrija bis zur Bucht von Raša und Plomin bedeckt, und schließlich wird das hügelige zur Küste hin eben verlaufende Land »Rotes Istrien« genannt, denn die Böden hier sind rot und reich an Bauxit. Daneben gibt es noch die touristische Einteilung: das »Blaue Istrien« für die Küstengebiete und das »Grüne Istrien« für das landwirtschaftlich geprägte Zentralistrien.

Leider war und ist die strategisch günstig gelegene Istrische Halbinsel in der Vergangenheit auch immer wieder von politischen Konflikten, Kriegen und ähnlichen Grausamkeiten heimgesucht worden. Nichtsdestotrotz – oder gerade deswegen – hat Istrien ein reiches kulturelles Erbe, das aber heutzutage meist versteckt hinter verschlossenen Türen zu suchen ist, doch dieses Suchen kann richtig Spaß machen. In diesem Sinne wünsche ich viel Vergnügen mit diesem Buch, das eine Anregung für eigene Entdeckungsreisen in Istrien sein soll.

111 Orte

1 Die heilige Katharina
Geköpft, nicht gerädert

Ein Abstecher nach Baći lohnt aus mehreren Gründen. Erstens ist es ein Vergnügen, durch den (vor allem außerhalb der Saison) sehr ruhigen Ort zu schlendern und die Stille der Natur samt großartigem Ausblick über die Kvarner Bucht zu genießen, zweitens sorgt der zwischen den Felsen wachsende Feigenkaktus für ein besonders malerisches Landschaftsbild, und drittens ist die Kapelle der heiligen Katharina von Alexandrien aus dem 18. Jahrhundert sehr interessant.

Bereits der Grundriss in Form eines sogenannten griechischen Kreuzes ist auffällig. In der Architektur wird dies wie folgt interpretiert: Das Kreuz symbolisiert den christlichen Glauben in den Bauwerken, die gleich(wertigen) langen Arme stehen für Erde und Himmel beziehungsweise Raum und Zeit. Erste Bauten dieser Art stammen aus Byzanz und Syrien, in Europa wurde der Grundriss in den Kirchen des christlichen Ostens für imposante Zentralbauten verwendet – nicht für kleine Kapellen wie diese hier.

Im Inneren findet man ein schönes Bild des Labiner Malers Valentin Lukas (19. Jahrhundert), das die heilige Katharina mit Rad darstellt – die Heilige sollte bekanntlich durchs Rädern zu Tode gefoltert werden, weil aber Engel das Todesrad zerstörten, wurde sie »nur« geköpft.

Es ist dies die einzige der heiligen Katharina geweihte Kirche in Istrien, dabei wäre die Schutzheilige der »Sprachschwierigkeiten« gerade hier gefragt, denn auf dem Boden haben viele Völker viele Sprachen hinterlassen. Kroatisch, Italienisch, Slowenisch, Venexiano, Istrorumänisch und etliche andere Dialekte sind heute noch gebräuchlich, das Istrioto – eine aus dem Latein der römischen Soldaten stammende Sprache, die dem Friulanischen ähnelt – wird hingegen nur noch von wenigen älteren Herrschaften im Süden Istriens gesprochen und ist somit vom Aussterben bedroht. Aber wer weiß, vielleicht kann Katharina die Sprache noch retten.

Adresse Baći, bei Brestova (52234 Plomin) | **Anfahrt** auf D 66 von Plomin Richtung Rijeka, circa fünf Kilometer hinter Plomin auf D 402 nach Brestova, die Kapelle ist auf der linken Seite | **Öffnungszeiten** Den Schlüssel zur Kirche hat Silva, Tel. +38552/864405. | **Tipp** Eine andere interessante Kirche, die Sv. Spiridom, befindet sich im Ort Peroj an der Westküste, es ist eine von nur zwei orthodoxen Kirchen Istriens.

2 Meneghetti

Ein Theater für den Wein

Inmitten einer malerischen Landschaft liegt fernab vom Trubel des Badetourismus mit der Stancija Meneghetti ein wahres Kleinod für Genießer mit exklusiven Ansprüchen. Unter Stancija versteht man in Istrien üblicherweise Landhäuser, bei denen man agrarwirtschaftliche Produkte kaufen kann oder die ein ländliches Restaurant führen – ähnlich wie bei uns die Direktvermarkter. Doch Meneghetti ist anders – wenn man hierherkommt, erwartet einen auf einem 120.000 Quadratmeter großen Areal der pure Luxus. Inmitten von Olivenhainen, Weingärten und einer wunderschönen Parkanlage steht ein original istrisches Steinhaus, das neben jeglichem Komfort ein stilvolles mediterranes Ambiente und ein ausgezeichnetes Restaurant bietet.

Seit Mitte des 19. Jahrhunderts wird an diesem Ort Öl und Wein produziert. Die heutigen Besitzer Romana und Miroslav Pilšo übernahmen das Anwesen 2001, renovierten es von Grund auf, legten neue Gärten an und führten Meneghetti in eine neue, moderne Welt. Der berühmte Önologe Walter Filiputti zeichnet hier für die Geschicke des Weins verantwortlich.

Vielerorts wird ambitionierter Weinbau betrieben – vor allem in der Eliteklasse werden keine Kosten und Mühen gescheut. Doch dass man für den Wein ein eigenes – wie in der Antike halbkreisförmig angelegtes – Theater baut, das ist schon eine besondere Seltenheit, die ihresgleichen lange wird suchen müssen. Meneghetti hat ein solches angelegt, sozusagen als Versuchsobjekt: Der Wein wächst in dem weiten Rund da, wo im Theater die Tribünen wären, und unten im Kessel, wo sich die Bühne befände, wachsen zur Unterhaltung des Weins Olivenbäume. Mittels dieser Anlage will man eine spezielle Thermik und ein besonderes Mikroklima schaffen, die das Gedeihen des Weins positiv beeinflussen. Eines hat man damit auf jeden Fall geschaffen: den wohl erstaunlichsten und ungewöhnlichsten Weingarten Istriens.

Adresse Stancija Meneghetti b.b., 52211 Bale, www.meneghetti.hr | **Anfahrt** auf D 21 zwischen Vodnjan und Rovinj, circa acht Kilometer südwestlich von Bale | **Öffnungszeiten** das ganze Jahr über zu besichtigen | **Tipp** Im inneren Stadtkern von Bale erwartet den Gast genau das Gegenteil – nämlich ein Zentrum der Boheme par excellence. Besonders Jazz-Sinnige sollten der Kneipe von Tomislav Pavleka (tomislav.pavleka@optinet.hr) einen Besuch abstatten – denn hier werden tatsächlich im Hinterhof Livekonzerte vorgetragen! Der ehemalige Fotograf hat sich hier sein persönliches Refugium geschaffen, das er mit Gleichgesinnten gern teilt – lange Nächte an der mächtigen Eichentafel sind Teil des Programms!

3__ Die Ölmühle

Alt trifft neu

Die Gegend rund um Bale ist seit jeher von der Landwirtschaft bestimmt, die Böden sind gut, und die Erde wie so oft in Istrien leuchtend rot gefärbt. Außerhalb des Örtchens wird man daher kilometerweit durch Olivenhaine und Weingärten wandern können, und in der Doline am nördlichen Stadtrand gedeiht Gemüse.

Bale gilt auch als die Heimat der autochthonen Olivensorte Buža, von der es einige regionale Varianten gibt wie beispielsweise die Buža Vodnjanka aus dem benachbarten Ort Vodnjan. Diese Olivensorte ist seit Jahrtausenden bekannt für ein hocharomatisches Öl – die kulinarisch mehr als verwöhnte römische Oberschicht war sogar der Ansicht, dass aus Istrien das beste Olivenöl überhaupt stammte. Tatsächlich liefert diese Sorte ein Öl, das sowohl in der traditionellen Form mit später Januar-Lese (ergibt ein dichtes, mildes und sehr vollmundiges Öl) als auch in der modernen, von Italien ausgehenden internationalen Stilistik mit einer frühen Oktober-Lese (ein eher scharf-bitteres mediterranes Öl) eine hervorragende Figur macht. Leider bekommt diese heimische Sorte immer mehr Konkurrenz von eingeführten Olivensorten, die ertragreicher sind. Um eine totale Verdrängung der Buža zu verhindern, wurde eine regionale Organisation zu ihrem Schutz ins Leben gerufen, die hoffentlich erfolgreich ist.

Am Rande des Ortes Bale befindet sich eine alte Ölmühle, die jahrzehntelang kaum Betrachtung fand, heute aber durch die Familie Grubić 2008 zu neuem Leben erweckt wurde. Die alten Anlagen wurden liebevoll restauriert und in ein kleines Museum umfunktioniert; Mühlsteine, Pressanlagen, Filterkörbe und vieles andere mehr sind ausgestellt, und man könnte dem Vernehmen nach immer noch mit ihnen arbeiten.

Heute befinden sich hier unter einem Dach sowohl die alten als auch die neue Anlagen und geben ein lebendiges Zeugnis istrischer Olivenölproduktion ab.

Adresse Ulica Aldo Negri 6, 52211 Bale | **Anfahrt** D 21 Richtung Bale, die Olivenmühle befindet sich auf der Hauptstraße in Bale | **Öffnungszeiten** telefonisch anmelden bei Frau Suzana Grubić, Tel. +38598/854623 | **Tipp** Eine andere traditionelle Ölmühle befindet sich mit Tonin im Örtchen Vodnjan; sie ist ebenfalls bekannt für ihr reinsortiges Buža Vodnjanska – leider eine rare und entsprechend teure Delikatesse.

4__ Das Porträt Dantes

Göttlich, diese »Komödie«

In vielen Reiseführern steht geschrieben, dass Dante Alighieri – einer der wichtigsten Dichter des Mittelalters – eine gewisse Zeit in Istrien, genauer in Pula, verbracht haben soll. Dem nicht genug, wird immer wieder darauf verwiesen, dass die Schlucht von Pazin (siehe Seite 114) ihm als Inspiration zu einem seiner Hauptwerke, nämlich zur »Commedia« (heute besser bekannt als die »Göttliche Komödie«), gedient haben soll. Ob Dante nun tatsächlich in Istrien geweilt hat, kann nicht sicher nachgewiesen werden. Und auch die Tatsache, dass kaum irgendwo ein ehrender Hinweis in Form einer Statue, Büste oder Ähnlichem steht, untermauert die Dante-Istrien-Beziehung nicht.

Eine der wenigen bildlichen Darstellungen Dantes findet sich im Palazzo Bembo im Städtchen Bale, denn hier sind im großen Saal zwei sich gegenüberstehende Fresken auszumachen: Dante und Petrarca. Beide mit ihren jeweiligen Hauptwerken in den Händen; Petrarca also mit »Laura« und Dante mit »Divina«. Interessant ist in diesem Zusammenhang der Umstand, dass in diesem Fresko bereits das Wort *divina* (göttlich) verwendet wird. Dante selbst hat es nie gebraucht, sondern sein Werk schlicht *commedia* genannt. Das *divina* wurde später von Verehrern hinzugefügt, die das Werk »göttlich« fanden – im Zusammenhang mit dem Inhalt steht es übrigens nicht.

Der Palast Soardo Bembo erstrahlt nach einer Restaurierung im neuen Glanz. Er zeichnet sich durch zwei markante (ältere) viereckige Türme aus, die mit dem eigentlichen Palastbau im 15. Jahrhundert verbunden worden sind. Der Boden ist geschichtsträchtig, denn hier befand sich einst bereits ein römisches *castrum*. Bis Ende des 17. Jahrhunderts wurde Bale von der venezianischen Familie Bembo regiert, die 1618 auch die prachtvolle venezianische Fassade errichten ließ und hier laut Zeitzeugen pompöse und rauschende Feste gefeiert haben soll – unter anderem mit einem Gast namens Casanova!

Adresse Castel 1, 52211 Bale | **Anfahrt** D 21, das Porträt befindet sich im Castel Bembo |
Öffnungszeiten zu Bürostunden von 8 – 15 Uhr anklopfen und fragen, ob man die Fresken
besichtigen darf | **Tipp** Wahrhaft göttlich ist das Vogelschutzgebiet Palud, das auf der
Straße nach Rovinj (von Bale kommend beim Schild »Palud« links abbiegen) gelegen ist;
mehr als 230 verschiedene – zum Teil vom Aussterben bedrohte – Vogelarten haben hier in
der Bucht des heiligen Paul ein paradiesisches Refugium gefunden, das Vogelliebhaber aus
aller Welt fasziniert.

5 Der Feigenbaum

Immer der Sonne entgegen

Im Jahre 2014 wurde Istrien mit dem Themenpark »Histria Aromatica« um eine im wahrsten Sinne des Wortes »dufte« Attraktion reicher. Auf einem 25 Hektar großen Areal hat sich der Zagreber Biokosmetikproduzent Boris Filipaj einen lang gehegten Traum erfüllt. Nach mehr als zehn Jahren Bauzeit, drei Millionen Euro Investitionsvolumen und Tausenden von Lkw-Ladungen Erde ist das Naturparadies seiner Vorstellungen nun Realität. Es wurde für mehr als 300 Gewürz-, Heil- und Aromapflanzen ein Refugium mit optimalen Bedingungen geschaffen. Dazu gesellten sich von ganz allein mehr als 250 Wildkräuter und Pflanzen, um die botanische Vielfalt zu ergänzen. Je nach Saison verströmen hier nun die unterschiedlichsten Blüten einen betörenden Duft und sorgen für ein einzigartiges olfaktorisches Erlebnis, wie man es in dieser Intensität wahrscheinlich nicht einmal in den Labors feinster Parfümerien erleben kann.

Auf der Hügelkuppe befindet sich ein schönes, modernes Café, von dem aus man bei einem hausangesetzten Kräuter- oder Honigschnaps einen großartigen Blick bis hinüber zur Altstadt von Rovinj genießen kann.

Das Anwesen wurde neu erschaffen, die von Zypressen gesäumte Allee angelegt, die duftenden Kräutergärten angepflanzt, und doch ist hier etwas erhalten geblieben, was schon zuvor da war – nämlich ein mehr als 130 Jahre alter Feigenbaum. Dabei handelt es sich nicht um irgendeinen Feigenbaum, sondern um einen sehr speziellen. Dieser Baum sieht, betrachtet man ihn von der Straße aus, aus wie ein Busch, was daran liegt, dass man nur seine Krone erkennen kann. Der Stamm und die Wurzeln entwachsen einer mehr als sieben Meter tiefen Doline. Somit wächst der Feigenbaum genau genommen unter der Erdoberfläche hinauf, immer der Sonne entgegen. Eine Wendeltreppe führt hinunter in die Doline, sodass man zu den Wurzeln hinabsteigen kann – ein Weg, der mal richtig »erdet«.

Adresse Park Histria Aromatica, Pižanovac b.b., Golaš, 52211 Bale | **Anfahrt** Hauptstraße vom Lim Fjord in Richtung Bale bis Golaš, rechts abbiegen | **Öffnungszeiten** 9–19 Uhr | **Tipp** Ein weiterer für seine Architektur preisgekrönter Bau ist die Sporthalle von Bale, die auf eindrucksvolle Art und Weise traditionelle Steinbauweise mit modernen architektonischen Elementen vereint. Sie befindet sich schräg vis-à-vis der Ölmühle Grubić (siehe Seite 14).

6 Die Ringstecher

Reiterspiele im »versteigerten« Ort

Im kleinen Ort Barban stehen verschiedene hölzerne Figuren, die Menschen, Trachten, Handwerk und Feste aus dem istrischen Leben symbolisieren. Unter diesen Figuren ist auch ein sogenannter Ringstecher. Jedes Jahr im August findet in Barban das sogenannte Ringstechen statt, bei dem in historische Volkstrachten gekleidete Reiter in vollem Galopp reitend mit einer Lanze einen etwa handtellergroßen Ring durchstechen müssen. Der größte Erfolg besteht darin, den mittleren Teil des mit Federn in Abteile getrennten Rings zu treffen. Die Tradition dieses Wettkampfes geht auf das Jahr 1696 zurück, seit Anfang des 18. Jahrhunderts gab es das Ringstechen nicht mehr, bis es die Tourismuswirtschaft im Jahre 1976 wiederentdeckt hat. Das Spiel verlangt eine besondere Geschicklichkeit sowohl beim Lanzenstechen als auch beim Reiten und ist jedes Jahr ein buntes Treiben, das Tausende anzieht.

Abgesehen vom Lanzenstechen ist Barban ein verschlafener Ort. Ab dem Ende des 6. Jahrhunderts war Barban eine der ersten istrischen Städte, in denen die Slawen (Kroaten und Slowenen) die Bevölkerungsmehrheit bildeten. Im 13. Jahrhundert gehörte Barban zum Paziner Lehen, dessen Herren die Görzer Grafen waren. 1516 wurde es venezianisch, bevor 1535 etwas Seltsames geschah: Der gesamte Ort wurde von den venezianischen Behörden auf einer Auktion versteigert, die Familie Loredan erhielt den Zuschlag. Bis ins Jahr 1869 verblieb der Ort im Besitz dieser bekannten venezianischen Adelsfamilie.

Der Palast Loredan entstand 1606 durch einen Umbau des Ostteils des Kastells, er hat eine einfache Barockfassade, und auf der Rückseite ist eine geräumige Vorhalle im ersten Stock zu erkennen. Erhalten sind auch noch Reste der Stadtmauer sowie zwei mächtige Stadttore aus dem 18. Jahrhundert, die beweisen, dass Barban im Mittelalter eine befestigte Stadt war. Ein Bummel durch den Ortskern lohnt.

Adresse Barban 69, 52207 Barban, vor dem Tourist-Info-Point stehen die Figuren | **Anfahrt** auf D 66 von Pula nach Labin | **Tipp** Sehenswert ist auch die kleine, einschiffige Kirche der Bruderschaft des heiligen Antonius, die vor dem großen Stadttor steht. Sie wurde aus großen bearbeiteten Steinquadern gebaut und hat ein Tonnengewölbe aus dem 14. Jahrhundert. Die Wände sind mit bunten Fresken verziert, die noch 1902 von Österreich restauriert wurden. Dennoch sind die Fresken in keinem sehr guten Zustand, weil die Kirche heute etwas tiefer als das Straßenniveau liegt, was Feuchtigkeitsprobleme mit sich bringt.

7_ Die Roženice

Eine der Letzten ihrer Art

Barban ist nicht nur einer der Orte Istriens mit den meisten volks-tümlichen Veranstaltungen (siehe Seite 20), sondern auch einer, der althergebrachtes Brauchtum auf besondere Art pflegt. Im Juni gibt es Dichterlesungen, im Juli ein Akkordeon- und ein Klas-sik-Festival und im September ein beliebtes Feigenfest, bei dem alle möglichen Spezialitäten von Schnaps bis Kuchen aus Feigen herstellt werden; dazu gibt es Feste für den Honig, den Wein, Oli-venöltage und vieles mehr. Das Besondere daran ist, dass es Fes-te für die Einheimischen sind, die von Touristen kaum beachtet werden.

Fixer Bestandteil aller Feste ist die traditionelle Musik samt folk-loristischer Gesänge und Trachten. Die istrischen Volkslieder sind dabei etwas Besonderes, denn wegen ihrer nicht temperierten Ton-leitern klingen sie sehr fremd; ganz so, als wollten die Melodien auf die harte, steinige Landschaft und das nicht immer einfache Leben der Bevölkerung hinweisen. Die Mehrheit der istrischen Instrumen-te sind Holzblasinstrumente. Fixer Bestandteil einer jeden musika-lischen Veranstaltung ist die Roženice, auch Sopile genannt. Sie hat ein der Oboe ähnliches Mundstück, und auch ihr nasaler Klang er-innert an die Oboe. Der Legende nach brachte eine Hexe einem jun-gen Mann eine Roženice, ihm gefiel das Spiel so sehr, dass er nicht mehr damit aufhören konnte. Deshalb dürfen die Instrumentenbauer der Roženice keine Geschenke oder Spenden annehmen und leben meist in Einsamkeit und Armut.

Alfonso Konović ist einer der letzten Instrumentenbauer Istriens. In reiner Handarbeit stellt er mit eigens angefertigtem Spezialwerk-zeug die traditionellen Holzblasinstrumente in den unterschied-lichsten Ausführungen und Größen her. Es ist ein vom Aussterben bedrohtes Handwerk, doch solange es Künstler wie ihn gibt, ver-stummt der Klang von Roženice und Duplice (Doppelflöte) noch nicht.

Adresse Alfonso Konović, Jurićev Kal 11a, 52207 Barban | **Anfahrt** auf Ž 5077, zwei Kilometer hinter Barban rechts Richtung Sutivanac, circa fünf Kilometer nördlich von Barban | **Öffnungszeiten** anrufen unter Tel. +38552/567219 | **Tipp** Ein seltsames und immer seltener werdendes Instrument ist auch der Mih, eine Art istrischer Dudelsack mit einem Balg aus Tierhaut (zumeist Ziege); ein Exemplar ist im Ethnografischen Museum von Pazin (siehe Seite 116) zu sehen. Auch im kleinen Park von Roč findet man musikalische Hinweise, denn hier stehen in Stein gehauene Instrumente wie Statuen; sie verweisen auf das jährlich am zweiten Maiwochenende stattfindende Akkordeon-Fest der »Triestina«, Infos unter Tel. +38552/662854.

8_ Das Gebet am Ölberg
… nicht nur Totentanz!

Etwa einen Kilometer außerhalb von Beram liegt inmitten eines Wäldchens die Friedhofskirche der heiligen Maria auf der Schieferplatte. Einer Friedhofskirche gerecht wird das vielleicht berühmteste Fresko Istriens im Inneren der Kirche: der Totentanz von Beram. Ein Meisterwerk an spätgotischer Expressivität und Farbenfreude, das 1474 von Meister Vincent aus Kastav fertiggestellt und signiert wurde. Der Totentanz wurde deshalb so berühmt, weil dem Maler mit seiner Darstellung von fröhlich Dudelsack spielenden, Lyra zupfenden oder locker die Sense schwingenden Skeletten, die zusammen mit einer bunten Menschenschar (bestehend aus sämtlichen gesellschaftlichen Schichten vom Papst über Herzog bis hin zu Händlern, Handwerkern und Bauern) tanzen, eine bemerkenswerte Verbindung zwischen volkstümlicher Malerei und raffinierter spätgotischer Kunst gelungen ist.

Das Kircheninnere ist über und über mit Fresken bedeckt. Das umfassendste Werk ist dabei »Die Anbetung der Heiligen Drei Könige«, welches sich über die gesamten acht Meter der nördlichen Kirchenwand erstreckt. Daneben gibt es viele weitere Fresken mit Szenen aus dem Leben Jesu, wie das letzte Abendmahl oder (nebenstehend abgebildetes) Gebet auf dem Ölberg: Nur von Petrus, Johannes und Jakobus begleitet bereitet sich Jesus auf seine Leiden vor. Während Christus seines nahen Todes gedenkt, schlafen die Jünger seelenruhig. Im Hintergrund der Kelch des Leidens als Symbol der göttlichen Gnade. Jesu rinnt in seiner Todesangst der Schweiß in Blutstropfen von der Stirn, das Tuch in seinen Händen ist blutbefleckt. Aus den Wolken blickt rechts oben »Gott« hervor – ein Zeichen der Opferannahme. Von links nähern sich bereits die bewaffneten Häscher unter Judas' Führung, um Jesu gefangen zu nehmen. Ein wunderschönes, ausdrucksstarkes Fresko, dem – nicht zuletzt aufgrund der Popularität des »Totentanzes« – leider viel zu wenig Aufmerksamkeit geschenkt wird.

Adresse Kirche Sveta Marija na Škriljinah, 52000 Beram | **Anfahrt** auf D 48 von Pazin Richtung Poreč, circa sechs Kilometer westlich von Pazin | **Öffnungszeiten** Den Schlüssel kann man bei Frau Sonja in Beram holen, Tel. +38591/5806083. | **Tipp** Das gemütliche Restaurant Vela Vrata in Beram ist bekannt für seine rustikalen Speisen aus frischen Zutaten, die zumeist aus eigenem Anbau stammen. Hausgemachte Fuži, Ragout- und Grillgerichte vom Boškarin-Rind sowie der Schokoladenkuchen mit Trüffel gelten als die Spezialitäten des Hauses (Beram 41, Tel. +3852/622801).

9_ Der Kirchturm

Besser ein kleiner als keiner

Die Ćićarija ist ein 40 bis 50 Kilometer langer und zehn bis 15 Kilometer breiter Abschnitt im nordöstlichen Karstgebiet Istriens. Der Name leitet sich von der istrorumänischen Bevölkerung ab, die im Kroatischen Ćići oder Ćiribirci (Tschiribiren) genannt wird. Es leben noch rund 1.000 Istrorumänen im nordöstlichen Istrien, die auch ihre Sprache, das Istrorumänisch, sprechen.

Das weitläufige Bergland der Ćićarija unterscheidet sich mit einem wesentlich raueren Klima vom übrigen Istrien, weshalb hier der Anbau von Agrarprodukten wie Wein oder Getreide nahezu unmöglich ist. Daher setzten die Menschen der Region seit jeher auf Viehwirtschaft mit Ziegen, Schafen und Kühen. Ein Zubrot brachte der Fischfang oder das Anheuern als Matrose. Relikte dieser Geschichte findet man im Brauchtum der Zvončari (siehe Seite 200). Einst waren die wenigen verstreuten Dörfer voller Leben, doch heute ist die Ćićarija fast menschenleer und wird hauptsächlich von Wanderern, Mountainbikern und Jägern besucht.

Der Ort Brest pod Žbevnicom hält eine kulturelle Besonderheit parat, denn hier befindet sich der kleinste, nur wenige Meter hohe Glockenturm vom Istrien. Er gehört zur Kirche der Heiligen Dreifaltigkeit. Im Jahre 1878 schloss die damalige österreichische Herrschaft mit dem Ort einen Vertrag über das Wassernutzungsrecht ab: Die Österreichische Bahn sollte das benötigte Wasser bekommen, dafür würde sie im Gegenzug im Dorf eine Kirche errichten. Weil in den meisten istrischen Fällen der Glockenturm separat zur Kirche steht, wurde von der Österreichischen Bahn auch keiner gebaut; man vertrat die Ansicht, dass der Glockenturm nicht Bestandteil des Vertrages war, sondern lediglich der Kirchenbau. So musste sich die Bevölkerung selbst behelfen. Weil aber das Geld für große Bauten fehlte, beschloss man, lieber einen kleinen Glockenturm zu bauen, als gar keinen zu haben – seitdem steht hier dieses etwas skurril anmutende Bauwerk, das seine Zwecke aber voll und ganz erfüllt.

Adresse Brest pod Žbevnicom b.b. (52420 Buzet) | **Anfahrt** D 44 von Buzet Richtung Roč, bei Roč Richtung Slum, weiter bis Brest | **Tipp** Im malerischen Örtchen Slum steht neben der Kirche des heiligen Matthäus aus dem 16. Jahrhundert ein wahrscheinlich gleich alter Lindenbaum mit hohem Stamm; der Baum wäre damit einer der ältesten der gesamten Halbinsel Istrien.

10__Die Caritas

Die erotische Laktation in der Kunst

Es geht eine faszinierend subtile Sinnlichkeit von der Statue aus, die sich Caritas nennt und ein stilles Dasein abseits der Pfade fristet. Niemand Geringerer als der berühmte Bildhauer Caspar von Zumbusch (1830–1915), der wichtigste Vertreter der Monumentalplastik der Gründerzeit, hat sie 1905 erschaffen.

Die Caritas steht für Liebe und Barmherzigkeit. Sie wird zumeist in weiße Gewänder gekleidet dargestellt und ist fast immer von Kindern umgeben. In den meisten Darstellungen saugt zumindest eines der Kinder an ihrer Brust. Hier, bei dieser Statue, ist das nicht der Fall, denn das Säugen als Akt der Liebe und Zuneigung wird nur symbolisch dargestellt – nicht einmal eine Brust der Caritas ist entblößt, was in der Kunst höchst selten der Fall ist. Und dennoch ist das Stillen als Akt der weiblichsten Form der Sinnlichkeit spürbar.

Eine andere Form der Caritas ist die sogenannte Caritas romana, die auf einer Erzählung des römischen Autors Valerius Maximus basiert. Die Geschichte handelt von einer jungen Mutter, die ein in Gefangenschaft befindliches Elternteil mit ihrer eigenen Muttermilch ernährt und so am Leben erhält. Gerade in der darstellenden Kunst war dies seit der Römerzeit eines der beliebtesten erotischen Themen, wobei zumeist eine junge Frau dargestellt wird, die einem älteren Mann ihre Brust gibt und ihn daran saugen lässt. Der eigentliche Reiz liegt in der künstlerischen Darstellung des Spannungsbereiches zwischen dem rein karitativen Zweck der Laktation und der unvergleichlichen Erotik, die der Akt des »Die-Brust-Gebens«, die Intimität des »An-den-Brustwarzen-Saugen-Lassens« und schließlich die erotische Laktation mit sich bringen.

Zumbusch verzichtet bei seiner Caritas auf alle in der Kunst üblichen expliziten Darstellungen der weiblichen Laktationsattribute und schafft es dennoch, ein erotisches Spannungsfeld aufzubauen – und das ist wahre Kunst.

Adresse Nationalpark Brijuni-Inseln, neben der Kirche des heiligen Germanus, vis-à-vis des Buffets Sirena | **Anfahrt** vom Hafen im Ort Fažana (bei Pula) circa zehn Minuten Schiffs-fahrt bis zu den Brijuni-Inseln | **Tipp** Am Scheitelpunkt der römischen Villa von Val Catena (siehe Seite 36) befindet sich eine einzelne kannelierte Säule mit korinthischem Kapitel – sie gehörte einst zu einem der Venus geweihten Tempel.

11 Die Friedenstaube

… *und Titos Friedensmissionen*

Ein Spruch besagt: »Es gibt keine Wahrheiten, sondern nur Wahrnehmungen.« Und dass solche Wahrnehmungen durchaus unterschiedlich sein können, liegt in der Natur der Sache – so auch in diesem Fall. Auf der wunderschönen Inselgruppe von Brijuni befindet sich das Tito-Museum. Gleich im Eingangsbereich linker Hand nimmt man ein großes Schwarz-Weiß-Bild von Tito und seiner Friedenstaube wahr. Weiter oben im ersten Stock gibt es sogar eine Weltkarte mit der Überschrift: Titos Friedensmissionen. Doch eine seiner »Friedensmissionen« fehlt seltsamerweise – nämlich gleich seine erste aus dem Jahre 1945:

Am Ende des Zweiten Weltkriegs entfesselten die slawischen Nationalisten stalinistischer Couleur eine Welle von unbeschreiblicher Gewalt, die nicht selten auch vor Vater-, Bruder- und Schwestermorden nicht zurückschreckte. Im Mai – Juni 1945 okkupierten die Tito-Partisanen die Stadt Triest, die, vom Krieg ohnehin geschwächt, dem slawischen Terror nichts entgegenzusetzen hatte. Titos Friedensmission ist unter der Bezeichnung »die grausamen 40 Tage« in die Stadtchronik eingegangen. Um den wichtigen Adria-Hafen und die Region dem jugoslawischen Staat einzuverleiben, schreckten die selbst ernannten »Missionare« nicht einmal vor der Kollaboration mit den Faschisten zurück, da sich ihre Verfolgung vornehmlich gegen antifaschistische Italiener richtete.

Am 5. Oktober 1954 wurde im Londoner Abkommen die Staatsgrenze zwischen Italien und Jugoslawien festgelegt; 400.000 Italiener verloren ihre istrische Heimat. Nach diesem Exodus gehörte zu Titos Friedensmission das Auslöschen der italienisch-slawischen Vergangenheit. Mit vollem Erfolg, denn die verbrämte neujugoslawische Nationalideologie sorgte zunächst für einen Verfall von Industrie und Handwerk, später auch von Landwirtschaft und Kultur. Wahrlich eine gelungene Friedensmission, Herr Tito … oder haben wir da etwas fasch wahrgenommen?

Adresse Tito-Museum, Nationalpark Brijuni-Inseln | **Anfahrt** vom Hafen im Ort Fažana (bei Pula) circa zehn Minuten Schiffsfahrt bis zu den Brijuni-Inseln | **Öffnungszeiten** das ganze Jahr über zu besichtigen | **Tipp** Eine ähnlich unvorstellbare Mission wird man auch im »Zoo der ausgestopften Tiere«, der sich in selbigem Museum befindet, erleben können. Die anscheinend immer noch kommunistisch geprägten Führungen behaupten tatsächlich, dass alle hier zu sehenden Tiere »eines natürlichen Todes gestorben seien«. Wenn man das Erlegen von Tieren zwecks Trophäenjagd als natürlich wahrnimmt, dann ist das leider sogar wahr.

12__Die Kupačica

Die »entblößte« Badende

Im Hafen von Brijuni befindet sich eine wunderschöne Bronzefigur namens *Kupačica* – die »Badende«. Das Werk stammt aus dem Jahre 1954 und wurde vom slowenischen Bildhauer Boris Kalin (1905–1975) geschaffen, der sich in der Kunstwelt vor allem für seine gegenständlichen Porträts und seine weiblichen Ganzkörper-Aktstatuen einen Namen gemacht hat. Viele seiner Skulpturen erhielten Preise, so auch das von ihm 1948 geschaffene *Portret Maršala Tita* (Porträt von Marschall Tito). Es ist schon erstaunlich, dass die Skulptur der Badenden ausgerechnet hier steht, denn die Insel Brijuni war seit 1947 mehr oder weniger im Privatbesitz von Tito und damit für die gewöhnliche Bevölkerung verboten. Offenbar war Tito von den Arbeiten des parteitreuen Boris Kalin angetan, und dieser hat mit seiner nackt badenden Dame eine Ikone der wenig später einsetzenden FKK-Kultur geschaffen. Tatsächlich wurde der FKK-Körperkult von den Kommunisten immer gefördert, und für die unter dem Parteijoch der Realsozialisten stehende Bevölkerung war das Nacktsein sicher so etwas wie die große Freiheit.

Die Badekultur auf Brijuni nahm 1901 ihren Anfang, als der Geldadel wie die Großindustriellen Skoda, Kestranek, Weinberger und Feilchenfeld hier auf der Insel sommerfrischten. Das bunte Treiben der Luxusinsulaner war den k. u. k. Behörden ein Dorn im Auge, und so verhängten sie eine Art Vermögenssteuer und verordneten, dass der Ausbau der Tourismusanlagen nun der Hafenadmiralität unterliegt. Von 1918 bis 1943 gehörte Brijuni (Brioni) zu Italien und wurde zu einem internationalen Treffpunkt für Sportbegeisterte: Es gab den damals größten Golfplatz Europas, Poloveranstaltungen und Regatten. Dann kamen die Nazis, weshalb die Insel 1945 bombardiert und damit das Seebad Saluga zerstört wurde. Schließlich zog es Tito hierher, und das öffentliche Baden hatte ein Ende. Bis heute ist das Baden in Istriens einzigem Nationalpark eingeschränkt, weil hier nach wie vor der besonders scheue Geldadel in abgeschirmten Refugien sommerfrischt.

Adresse im Zentralhafen, Nationalpark Brijuni-Inseln | Anfahrt vom Hafen im Ort Fažana (bei Pula) circa zehn Minuten Schiffsfahrt bis zu den Brijuni-Inseln | Tipp In der Neuzeit gab es Bestrebungen, Brijuni wieder als mondänen Fünf-Sterne-Bade- und Wellnessort zu etablieren, doch heftige Kritik vonseiten der Umweltschützer verhinderte das Unterfangen – nur das Hotel Neptun & Istra im Zentralhafen existiert noch und bietet mit seinem post-sozialistischen Charme eine ganz besondere Atmosphäre.

13 Das Kuppelwieser Mausoleum

Erinnerung an die Urbanisierung der Insel

Im Mittelalter und der frühen Neuzeit war Malaria auf Brijuni zu einem Problem geworden, das eine intensivere Nutzung behinderte. Ende des 19. Jahrhunderts kam der österreichische Unternehmer Paul Kuppelwieser im Zuge einer Lieferung von Panzerplatten an das k. u. k. Militär zunächst nach Pula und war erschüttert über » … die außerordentliche wirtschaftliche Vernachlässigung des Landes …«. Paul Kuppelwieser gefiel das Land dennoch, und er beschloss, hier mit Ideen und Tatkraft Beispielhaftes aufzubauen. Er war gerade 50 geworden und gedachte nun, für seine Söhne bleibende Werte zu schaffen. So kaufte er für 75.000 Gulden die Insel Brijuni von der venezianischen Familie Francini. 1883 besuchte er seinen neuen Besitz und fand eine von Lorbeer und sonstigem Gestrüpp überwucherte Insel, die zudem malariaverseucht war. Die galt es als Erstes zu bekämpfen.

Dank der modernen Medizin und Forschung im Bereich der Infektionskrankheiten gelang dieses Unterfangen mit Hilfe der Kapazität Dr. Robert Koch. Nach erfolgreicher Ausrottung der Anophelesmücke konnte Kuppelwieser seine Pläne umsetzen: Hotelbetriebe, Landwirtschaft, ein Seebad und vieles mehr entstanden, und Brijuni wurde zu einem Paradies. Um 1901 kam der Adel, der Ort wurde zu einem Treffpunkt der Reichen und Schönen.

Mit den veränderten politischen Verhältnissen nach dem Ersten Weltkrieg übernahm der italienische Staat die Insel. Paul Kuppelwieser starb 76-jährig 1919 in Wien; seine Frau Maria, verstorben 1915, liegt im Kuppelwieser Mausoleum auf Brijuni begraben. Sohn Karl versuchte, den Tourismus wieder zum Leben zu erwecken, ein Kasino, Sportstätten und sogar eine Poloanlage entstanden – doch die Gesellschaft, für die Brijuni geschaffen wurde, gab es nicht mehr. Den Rest erstickte die Weltwirtschaftskrise. Als die Schuldenlage aussichtslos schien, erschoss sich mit Karl Kuppelwieser der letzte Brijuni-Pionier.

Adresse Nationalpark Brijuni-Inseln, im südöstlichen Teil der Inseln | **Anfahrt** vom Hafen im Ort Fažana (bei Pula) circa zehn Minuten Schiffsfahrt bis zu den Brijuni-Inseln | **Tipp** Das auf Brijuni befindliche Denkmal für Robert Koch (in »Kochs Steinbruch« hinter der Kirche des heiligen Germanus rechts) ließ ebenfalls Paul Kuppelwieser gestalten. Es stammt vom Wiener Bildhauer Josef Engelhart und zeigt Koch als Büste, wie er von einer Jungfrau, Brijuni symbolisierend, mit Lorbeer bekränzt wird. Die Inschrift bedeutet: Dem großen Forscher, dem Befreier der Insel von der Malaria Dr. Robert Koch. Annis 1900–1901.

14__Die Piscinae
Besondere Planschbecken

Nach der endgültigen Niederlage der Histri bei Nesactium (siehe Seite 202) wurde die gesamte Westküste römisches Staatseigentum (ager publicus populi Romani), und reiche römische Familien erhielten ausgedehnte Ländereien. Mächtige Villen entstanden und mit ihnen Produktionsstätten für Keramik, Wolle, Liquamen, Wein und Olivenöl. Steinbrüche und Kalkbrennereien wurden eingerichtet, womit die Entwaldung der Westküste ihren Anfang nahm. Seine höchste wirtschaftliche Blüte erlebte Istrien im zweiten und dritten Jahrhundert, wie man den Worten Cassidors (485–580) entnehmen kann: »Seine ländlichen Villen liegen auf Hügeln und an der Küste wie Perlen auf dem Haupte einer schönen Frau.«

Eine bemerkenswerte Villa der römischen Oberschicht befindet sich in der Bucht Verige auf Brijuni; der Name der Bucht stammt von den Ketten der ehemaligen Schiffsanlegeplätze. Es handelte sich um ein luxuriöses Anwesen, das aus Sommerhaus, Wirtschaftstrakt (Hauptgüter waren Wein, Olivenöl und Liquamen), perfekt angelegten Garten- und Terrassenanlagen, Tempeln, Diaeta und traumhaften, am Meer gelegenen Thermen- und Wellnessanlagen bestand. Die Archäologie beurteilte diese Thermenanlagen als die prunkvollsten der gesamten Adria mit einer herausragenden Ausstattung, unzähligen Statuen und einer pompösen Architektur.

In unmittelbarer Nähe zu diesen Prachtthermen fand man drei Becken, die den Luxus des Anwesens unterstreichen: Es handelt sich hierbei um Becken für die Edelfischzucht, welche von der reichen römischen Oberschicht in der Zeit der späten Republik und der frühen Kaiserzeit als das Symbol für *luxuria* und Dekadenz betrachtet wurde. Eine *Villa maritima* wurde durch sie zur Luxusvilla. Solche Anlagen waren beim antiken Geldadel so beliebt, dass sie den Wert eines Anwesens nicht unbeträchtlich steigern konnten – ganz so wie heute die Zuchtbecken mit den japanischen Koi-Karpfen.

Adresse Nationalpark Brijuni-Inseln, südöstlicher Teil der Insel | **Anfahrt** vom Hafen im Ort Fažana (bei Pula) circa zehn Minuten Schiffsfahrt bis zu den Brijuni-Inseln | **Tipp** Auf Brijuni sollte man noch einem weiteren Becken die Aufmerksamkeit schenken, denn im Zoobereich gibt es ein Schildkrötenbecken, das zur Aufzucht und zur Behandlung verletzter Meeresschildkröten diente. Heute befindet sich die Station im Aquarium von Pula (www.aquarium.hr), wo auch Schildkrötenpatenschaften übernommen werden können.

15 Der Schrein

»Quaerite, et invenietis«

»Sucht, und ihr werdet finden« – auf kaum eine zweite Region trifft dieser Spruch derart zu wie auf Istrien, insbesondere wenn man auf der Suche nach Kulturdenkmälern ist; leider stimmt er nicht immer. Vieles ist verborgen, wenig beschriftet, fast alles versperrt, und wenn man die Schlüssel zum Öffnen einer Kirche oder Kapelle beim Pfarrer sucht, so sind entweder der Pfarrer oder die Schlüssel nicht da.

Eine besondere Suche war die nach einem Schrein: Im Museum von Buzet ist er dem Autor das erste Mal aufgefallen, doch auf die Frage, was das für ein Kunstwerk sei und vom wem es stammte, erklärte der Direktor nur kurz: »È una copia.«

Bei einem Besuch des glagolitischen Lapidariums – das 1984 von Dr. Branko Fučić vor der Kirche von Brnobići errichtet wurde – war der Schrein erneut zu sehen. An der Zaunwand wurde er zusammen mit glagolitischen Omen eingebaut, allerdings handelte es sich hierbei auch nur um Kopien der ältesten und bekanntesten glagolitischen Inschriften. Aber es war zu erfahren, dass sich das Original in Vrh befände.

Der Ort Vrh ist vor allem für eine skurrile Begebenheit bekannt: Bevor Vrh 1511 venezianisch wurde, stand es unter Herrschaft der Grafen von Pazin und war Sovinjak (siehe Seite 184) untergeben. Als Ausdruck ihrer Untergebenheit mussten die Bewohner Vrhs jedes Jahr am 1. August die Straße bis Sovinjak kehren. In Vrh also sollte sich beim Friedhof in der Kirche Mariä Himmelfahrt der Schrein befinden: Natürlich war die Kirche versperrt und der Schlüssel nicht auffindbar. Aber der Schrein ist hier drin, wurde von Einheimischen versichert – nur zu fotografieren war er nicht.

Aber immerhin gibt es das Foto der Kopie von Brnobići: Die Inschrift am Sockel unter den archaisch gemeißelten Figuren besagt, dass er von Meister Benko geschaffen wurde (Maestro Benko di Sočerga schuf das Werk dem Vernehmen nach um 1463).

Adresse Lapidarium Brnobići, 52425 Roč | **Anfahrt** circa zehn Kilometer von Buzet entfernt, auf D 44 Buzet Richtung Lupoglav, rechts Richtung Hum biegen, das Lapidarium befindet sich neben der Kirche | **Öffnungszeiten** das ganze Jahr über zu besichtigen | **Tipp** Der Ort Brnobići ist Teil der sogenannten »Gedenkallee der glagolitischen Kultur«, die längs der Straße von Roč nach Hum errichtet wurde. Die Idee zu diesem einzigartigen Skulpturenpark kam vom Literaten Zvane Črnja und wurde von Prof. Dr. Josip Bratulić sowie dem Bildhauer Želimir Janeš verwirklicht. Insgesamt sind es elf Denkmäler, und wer den Weg beschreitet, erlebt eine fast meditative Reise durch die Geschichte, deren erste Station die »Säule des Tschakawischen Parlaments« (eine Säule in Form des glagolitischen Buchstaben »S«) darstellt und mit dem kupfernen Stadttor von Hum (auf dem ein Kalendarium mit Darstellungen des Landlebens zu sehen ist) seine letzte Station hat.

16___Die Konoba Astarea

Im Tempel der Jakobsmuscheln

»Essen in Gesellschaft heißt leben«, steht in großen Lettern auf einem alten Plakat in Kroatisch und Italienisch an der Wand der urgemütlichen Konoba Astarea geschrieben. Das mittlerweile unter Gourmets recht bekannte Lokal liegt recht unspektakulär an der Straße von Novigrad nach Buje, gilt aber nicht zu Unrecht als eines der gastfreundlichsten Häuser Istriens. Alma und Nino Kernjus führen ihre Konoba fast wie ein heimisches Wohnzimmer und kümmern sich seit fast 50 Jahren geradezu rührend um ihre Gäste. Zentrum und Blickpunkt der Astarea ist der große offene Kamin, auf und in dessen Glut so ziemlich alles gegart und gebrutzelt wird, was der heimische Markt hergibt: Frische, zum Teil sogar harpunengefischte Fische, mächtige Rindersteaks oder Apfelstrudel aus der Peka (siehe Seite 42) gelten als die Klassiker des Hauses.

Unter Insidern ist die Konoba Astarea aber vor allem für eine Spezialität bekannt: nämlich für die Jakobsmuscheln aus Novigrad, die hier auf geradezu perfekte Weise gegrillt werden. Nur feinstes istrianisches Olivenöl und eine Prise Salz dürfen daran, ein Schuss Wein und ein Spritzer Zitronensaft runden den Geschmack ab. Reiner und purer kann man die hier *kapešante* genannte Spezialität nicht genießen.

Wer nun glaubt, dass die Jakobsmuscheln aus irgendeiner Zucht stammen, der irrt leider. Ausschließlich Frischfang wird in der Astarea verarbeitet, und das aus gutem Grund: gelten doch die Jakobsmuscheln aus der Bucht von Novigrad unter Feinschmeckern als die besten der gesamten Adria. Durch die Vermischung von Salzwasser mit dem Süßwasser der Flussmündung des Mirna gedeihen sie im Aquatorium (Wassergebiet) von Novigrad besonders gut und waren schon zur Römerzeit eine begehrte Delikatesse. Ihnen zu Ehren wird einmal jährlich im Juni im Stadthafen Mandrač ein eigenes Fest abgehalten, bei dem die besten Köche aus Novigrad ihr Können zur Schau stellen.

Adresse Ronkova 9, 52474 Brtonigla | **Anfahrt** in Buje auf die Landstraße Ž 5070 Richtung Novigrad, nach circa fünf Kilometern befindet sich das Lokal auf der linken Seite | **Öffnungszeiten** täglich von 11–23 Uhr (außer 2. Okt. bis 7. Dez.) | **Tipp** Empfehlenswerte Adressen für ausgezeichneten Fischgenuss sind in Novigrad das bekannte Damir e Ornella (Zidine ul. 5), eine der Pioniere des Adria-Sashimis, das vor rund 20 Jahren in der venezianischen Osteria do Farai seine Anfänge nahm (siehe »111 Orte in Venedig, die man gesehen haben muss«), und die kleine, aber feine Konoba Čok (Sv. Antuna 2), die vor allem wegen der freundlichen Atmosphäre viele Stammgäste hat.

17__Die Parenzana
Eisenbahnromantik und Peka

Die »Casa Romantica Parenzana« ist ein schön renovierter historischer Steinbau, der eine typische Konoba beherbergt, die istrische und italienische Elemente vereint. An den Wänden der Konoba vermitteln zahlreiche Bilder der ehemaligen Schmalspurbahn Parenzana Eisenbahnromantik.

1912 wurde die Schmalspurbahn Parenzana (Porečanka), die auf einer 123 Kilometer langen Strecke von Triest nach Poreč führte, eröffnet. Sie war mit maximal 35 Stundenkilometern zwar verhältnismäßig langsam, brachte dafür aber eine umso schnellere wirtschaftliche Belebung, denn die Parenzana verband alle nördlichen Küstenorte mit jenen Inneristriens bis Motovun und Livade und von diesem Wendepunkt wieder mit der Küste in Poreč. Damit war der Großmarkt von Triest für die landwirtschaftlichen Produkte Inneristriens zugänglich. Olivenöl, Wein, Feldfrüchte, Getreide, Mehl, aber auch Holz, Stein und Salz – ja sogar Trüffel – fanden neue Absatzmärkte. Eine Verlängerung der Strecke nach Kanfanar war zwar bereits konzessioniert, wurde aber nicht mehr gebaut.

Die meisten Gäste der Casa Parenzana werden sich nur wenig mit dem völkerverbindenden Element Eisenbahn beschäftigen, sondern sich mehr der Spezialität des Hauses widmen: der Peka. Für dieses kroatische Gericht kommen verschiedene Zutaten wie Fleisch, Fisch oder Meeresfrüchte und Gemüse (meist Kartoffeln, Paprika, Zwiebel) in eine gusseiserne Pfanne mit hohem Rand, werden mit Wein und Kräutern gewürzt und mit der sogenannten »Čripnja«, einer schweren Eisenhaube, abgedeckt, bevor sie direkt in die heiße Glut geschoben werden, wo sie dann rundherum von Glut und Asche umgeben zwei bis drei Stunden langsam vor sich hin schmoren und das einzigartige Aroma entwickeln können. Eine Peka ist ein Schmaus für mehrere Personen und verbindet – genauso wie seinerzeit die Parenzana Menschen aus Italien und Istrien miteinander verbunden hat.

Adresse Volpia 3, 52460 Buje | **Anfahrt** auf D 200 von Buje Richtung slowenische Grenze, circa drei Kilometer nordwestlich von Buje | **Öffnungszeiten** jeden Tag von März – Okt., Nov. – Feb. geschlossen | **Tipp** Italien stellte den Bahnbetrieb der Parenzana 1935 komplett ein, der Stahl der Geleise, Stellwerke und Anlagen wurde abgebaut und angeblich für Feldbahnen im Abessinienkrieg der Faschisten verwendet – die Lokomotive wurde dem Vernehmen nach im Golf von Triest versenkt. Die ehemalige Bahnstrecke wurde mit EU-Fördermitteln zu einem länderübergreifenden EU-Radweg umfunktioniert.

18 Die unvollendete Fassade
Gegenseitig Schuldzuweisungen

Buje liegt auf einer 222 Meter hohen Anhöhe, die einen hervorragenden Überblick sowohl über das Meer als auch über die Handelswege im Inneren des Landes bot; zudem konnte der Ort als Stapelplatz genutzt werden, von wo aus die angelandeten Schiffsladungen weitergeleitet wurden. Aufgrund dieser wirtschaftlich und strategisch guten Lage trägt die Anhöhe den Beinamen »das wachsame Auge Istriens«. Heute ist Buje kein Touristenmagnet, gleichwohl aber bekannt für diverse Festivals rund um Olivenöl, Wildspargel, Trüffel und vor allem Wein.

Die Stimmung vor dem zentralen Domplatz ist einzigartig friedlich. Inmitten des Platzes ein mächtiger steinerner *pilo*, die Halterung für die Fahne des heiligen Markus – der heutige Trg Kardelj hieß mehrere Jahrhunderte Piazza San Marco.

Der mächtige Dom des Stadtheiligen S. Servolo ist berühmt; er wurde 1788 eingeweiht, doch nur mehr das prachtvolle Eingangsportal lässt ihn als Barockbau erkennen. Mit seiner kunstvollen und reichen Innenausstattung gilt er als einer der schönsten Istriens. Der einst dreischiffige Bau wurde als zu klein erachtet und abgerissen, der heutige einschiffige Innenraum wirkt monumental, lichtdurchflutet und wird von einem mächtigen Tonnengewölbe überspannt. Angesichts dieser Pracht wundert man sich über die baufällig wirkende Fassade.

Tatsächlich wurde diese nie fertiggestellt, es mangelte an Geld und Kompetenz. Die Serenissima lag in den letzten Zügen, die napoleonischen Herrscher hatten für sakrale Bauten wenig übrig und die 1.000 Einwohner andere Sorgen – wie so oft gab und gibt einer dem anderen die Schuld. Für Historiker ist die Fassade jedoch wie ein offenes Buch, weil in ihr deutlich erkennbar Säulentrommeln eines römischen Tempels sowie Reste römischer Grabsteine verbaut wurden und damit für sie der augenscheinliche äußerliche Mangel das Bauwerk besonders interessant macht.

Adresse Trg Sv. Servolo, 52460 Buje | **Anfahrt** inmitten der Altstadt | **Tipp** Der 1519 erbaute, 48 Meter hohe Campanile ist eine Kopie des Turms von Aquileia und erweckte Neid und Staunen bei den Nachbarn in Koper, Piran und Triest – sie wollten nicht glauben, dass man in Buje die Fähigkeit besaß, einen solchen Turm zu bauen. Gekränkt brachten daraufhin die Buiesi eine Tafel an den hohen Turm an: *»queste campanile e stato construito qui«* (Dieser Glockenturm wurde hier erbaut).»San Servolo« ist auch der Name der einzigen Privatbrauerei Istriens, die drei hervorragende Craft-Biere braut und jederzeit einen Besuch wert ist (Brauerei San Servolo, Momjanska 9, 52460 Buje, Tel. +38591/3764201).

19__Der Beschwerdebriefkasten
Der Zweck heiligt die Mittel

Im Laufe der Jahrhunderte gelang es den Venezianern durch Machtpolitik, Kalkül und nicht zuletzt auch Geld, einen territorialen Keil
bis in die Ćićarija zu treiben, das österreichische Istrien. Im Jahre
1420/21 kam der Ort Buzet unter venezianische Herrschaft. Mit
der Machtübernahme der Serenissima setzte eine Stadtentwicklung
ein, die bis heute Buzet prägt: Venedig baute die einstige Burg von
1435 bis 1472 stark aus, dank dieser mächtigen Befestigungsanlagen
blieb Buzet sogar während der Türkenkriege verschont, während das
Umland verwüstet wurde.

Ein Relikt aus venezianischen Tagen ist besonders bemerkenswert;
es wird allgemein als der venezianische »Beschwerdebriefkasten« bezeichnet, doch das ist so nicht ganz richtig. Vielmehr handelt es sich
um ein Machtinstrument des berühmt-berüchtigten Consiglio dei
Dieci (Rat der Zehn), eines der mächtigsten Gremien aller Zeiten.

Der Consiglio dei Dieci wachte über die Staatssicherheit, die öffentliche Ordnung, sollte Spionage verhindern, Verschwörungen
aufdecken und war für Hochverrat zuständig. Der Rat der Zehn
wurde immer mächtiger und hatte bald uneingeschränkte Rechts-
mittel wie Folter, legitime Attentate und Geheimkonten zur Verfügung; dazu ließen ein angeschlossenes Ordnungsamt, der oberste
Gerichtshof und die Übernahme des Kriegsministeriums den Rat der
Zehn zu einer Art Superministerium werden. Bespitzelungen und
verdeckte Ermittlungen waren an der Tagesordnung und sorgten für
innenpolitischen Terror.

Zur Informationsbeschaffung dienten besondere Briefkästen, die
nicht nur in Venedig, sondern in allen alten venezianischen Städten
aufgehängt waren. Hier konnten Denunzianten ihrem Werk nach-
gehen und Zettel mit Anschuldigungen in den Schlitz werfen. Re-
pressalien hatten sie nicht zu befürchten; zwar mussten sie ihren Namen unter die Anschuldigung setzen, doch dieser wurde vom Rat
der Zehn geheim gehalten.

1 7 3 .

DENONCIE
SECRETE
CONTRO
DAHNEGIA
TORI DEI BO
SCHI DELA
PROVINCIA

DENONCIE SEGRETE
IN MATERIA DI TABACCHI
COL RITO DELL ECC CONS DI DIECI

Adresse Trg Rašporskih kapitana b.b. (in der Altstadt neben dem Museum), 52420 Buzet | **Anfahrt** auf der D 44, nördliches Istrien, oder acht Kilometer südöstlich des kroatisch-slowenischen Grenzübergangs Požane | **Tipp** Wie wichtig und stark die Verteidigungs-anlagen waren, lässt sich am teilweise gut erhaltenen Südwall sowie am Großen Stadttor (Vela Vrata) und Kleinen Stadttor (Mala Vrata) erkennen. Neben der Stadtbefestigung sind die gut erhaltenen Paläste wie beispielsweise der Palazzo Bembo oder der Palazzo Bigatto (heute das sehenswerte Heimatmuseum neben dem »Briefkasten«) Zeugnisse der vene-zianischen Vergangenheit.

20 Die Große Zisterne

In doppelter Funktion

Buzet ist eine der berühmtesten Städte Istriens und hat seinen Ursprung in frühgeschichtlichen Siedlungen. Die Stadt blickt wie viele istrische Städte auf eine wechselhafte Geschichte zurück. Besonders dramatisch waren die Zeiten unter den Venezianern, die im ständigen Abwehrkampf gegen die Türken und die Habsburger standen.

Buzet war 1420 unter venezianische Herrschaft gekommen und von 1511 an Sitz des Militärverwalters des venezianischen Istriens. Mit der Herrschaft der Serenissima setzte die Bauentwicklung ein, die bis heute das Stadtbild von Buzet prägt. Ein interessantes Detail ist dabei die Zisterne, das große Wasserreservoir auf dem Stadtplatz. Da Buzet ein wichtiger Verwaltungs- und Handelsstützpunkt Venedigs war, hatte der Bau eines solchen Wasserspeichers besondere Bedeutung. Und man wandte hier eine Technik an, die sich in Venedig bereits bewährt hatte: Rund um die Wasserentnahme wurde der Platz ummauert, und bei genauerer Betrachtung wird man feststellen, dass sich in den Ecken Abflüsse befinden. Eine ähnliche Art von Zisternen findet man auch in Venedig (Venedig hat keine Brunnen, sondern nur Zisternen). Einerseits kann durch die Einfriedung Regenwasser aufgefangen und unter dem Brunnen gespeichert werden, andererseits befand sich unter dem gesamten Bauwerk ein Sandbecken, das wie ein Filter wirkte, wenn das Wasser vom Rand hin zur Entnahmestelle sickerte, wo es verhältnismäßig sauber entnommen werden konnte. Eine Bauweise, die sich in Venedig – der Stadt ohne Wasser – bewährt hatte und mit ihrer Doppelfunktion sicher auch in Buzet gute Dienste leistete.

Das städtische Wasserwerk der Venezianer wurde 1789 erneuert und erhielt sein heutiges Aussehen – es wirkt nun wie ein barocker Monumentalbau und bestimmt die gesamte Architektur des Platzes; nur die venezianischen Löwen an der Umfriedung sind geblieben.

Adresse Trg Vela Šterna, 52420 Buzet | **Anfahrt** auf der D 44, nördliches Istrien, oder acht Kilometer südöstlich des kroatisch-slowenischen Grenzübergangs Požane | **Tipp** Einen Besuch wert ist auch die aus dem Jahr 1611 stammende Kirche Sankt Georg, in der sich ein Gemälde mit der Darstellung des »Wunders des heiligen Antonius von Padua« befindet, das von Künstlern aus dem Umfeld des berühmten venezianischen Malers und ersten Präsidenten der »Accademia di belle arti di Venezia«, Giovanni Battista Tiepolo (1696–1770), gefertigt wurde.

21__Die Riesenpfanne
Jedes Jahr ein Ei mehr

Neben dem italienischen Piemont und dem französischen Périgord hat sich in den vergangenen Jahren Istrien als dritte große Trüffeldestination einen Namen in der Gourmetwelt erarbeitet. Früher wurden die istrischen Trüffel vor allem nach Italien verkauft – dort wurden sie auf wundersame Weise plötzlich zu einer »Alba-Trüffel« und damit um ein Vielfaches teurer. Heute vermarktet sich Istrien mit seinen Trüffeln selbst; mehr als 2.000 Tartufai (Trüffelsucher) leben gut von der Suche. Dass es in Istrien reichlich Trüffel zu finden gibt, ist nichts Neues: Das wussten bereits die Römer. Aber erst zu Beginn des 20. Jahrhunderts wurden sie kommerziell genutzt. Trüffelgeschäfte machten aus Zigante (siehe Seite 90) einen der erfolgreichsten Unternehmer Istriens, sein Pendant dazu ist der nicht minder große Betrieb Natura Tartufi der Familie Puh in Buzet. »Früher galten Trüffel bei uns als Schweinefutter«, erinnert sich Daniela Puh, heute nimmt man Hunde, weil diese die Trüffel sehr gut aufspüren, nicht aber – wie Schweine – sehr gern fressen. Wie sich die Trüffelzeiten geändert haben!

Buzet bezeichnet sich selbst als die Stadt der Trüffel; kein Lokal, das etwas auf sich und seine Küche hält, würde darauf verzichten, das ganze Jahr über diverse Trüffel-Gerichte anzubieten. Doch an einem Tag wird der Trüffel in Buzet besonders gehuldigt, nämlich am zweiten Septemberwochenende zur sogenannten Subotina (Fest zu Ehren von Marias Geburt). Der Trg Fontana – Marktplatz von Buzet – füllt sich dann mit Leben, und alles wartet gespannt auf den abendlichen Höhepunkt: Eine riesige Pfanne mit mehreren Meter Durchmesser wird aufgestellt und in ihr das größte Trüffel-Omelette gebacken – angefangen hat man mit der Idee im Jahr 1999 mit 1999 Eiern, seitdem kommt für jedes Jahr ein weiteres Ei dazu. Mehr als zehn Kilogramm Trüffel veredeln diese *Fritaja* der Superlative. Nach dem Fest wird die Pfanne gewaschen, abgebaut und fristet ein unbeachtetes Dasein auf einem Fabrikgelände unterhalb der Altstadt.

Adresse Trg Fontana, 52420 Buzet | **Anfahrt** auf der D 44, nördliches Istrien, oder acht
Kilometer südöstlich des kroatisch-slowenischen Grenzübergangs Požane | **Öffnungszeiten**
Das Trüffel-Omelette wird nur zur »Subotina« gebacken, das am ersten Sa nach dem
8.9. stattfindet. | **Tipp** Sehenswert ist auch der sehr moderne Betrieb von Natura Tartufi,
der etwas außerhalb von Buzet in Richtung Livade liegt (www.naturatartufi.com); von hier
oben aus hat man auch einen schönen Blick auf die »Trüffelfelder« entlang der Mirna.

22 Die Villa Lorun

Vergnügte sich hier einst auch Nero?

An der Nordseite der Bucht von Červar liegen die unscheinbaren Reste einer ehemals stattlichen römischen Villa mit Residenzcharakter und weitläufigen Wirtschaftsbetrieben. Interessant ist in diesem Zusammenhang, dass der Haupterwerb des Betriebes das im Meer gelegene *vivarium* war. Diese Anlage zur Fischzucht soll die zweitgrößte im Mittelmeer gewesen sein. Neben der Produktion von hochwertigen Fischen wurde hier aber auch das sogenannte *liquamen* (griechisch: garum) hergestellt, eine in der Antike äußerst beliebte Würzsauce aus eingesalzenem und fermentiertem Fisch – geschmacklich vergleichbar in etwa mit der thailändischen Fischsauce. Funde belegen weiter, dass sich hier auch eine Keramikfabrik zur Produktion von Amphoren befunden hat, die zum Transport von Wein und Olivenöl dienten.

Die Amphoren ermöglichten aufgrund der nachgewiesenen Stempel, zu klären, wem das Anwesen gehörte. Die meisten der Siegel belegen, dass sich die Villa lange Zeit in Besitz einer gewissen Calvia Crispinillia befand, einer engen Vertrauten Neros. Sie war die Lehrmeisterin seines Lustknaben Sporus und soll Neros ausgefallenste Orgien organisiert haben. Nach Neros Tod verstand die vermutlich aus Afrika stammende Calvia nicht nur zu überleben, sondern aufgrund ihrer Vorzüge (körperlich wie geistig gleichermaßen) auch weiterhin ihren politischen Einfluss auszubauen und ihren Reichtum zu mehren. Tacitus fand zu ihr die vielleicht treffendsten Worte, indem er schrieb: »Ihr später Einfluss beruhte auf ihrem Geld und dem Fehlen von Leibeserben, was in guten und schlimmen Zeiten von gleich großer Wirkung ist.«

Ob Kaiser Nero dieses pompöse Anwesen jemals besucht hat, kann nicht belegt werden. So bleibt nur die Vermutung, dass an dieser Stelle niemand Geringerer als Nero, der sich selbst ja als großen Kunstschaffenden bezeichnet hat, höchstpersönlich seine Sangeskünste zum Besten gab.

Adresse in der Nähe von 52449 Červar Porat | **Anfahrt** Landstraße D 75 von Poreč nach Novigrad, links nach Červar Porat abbiegen, am Ende des Ortes rechts abbiegen, da wo der Asphalt endet, das Auto stehen lassen und zu Fuß noch circa einen Kilometer Wanderweg (ausgeschildert als Fahrradweg); die Villa Lorun liegt direkt am Meer | **Tipp** Červar Porat ist ein Touristenort, doch als man diesen vor einigen Jahren ausbauen wollte, stieß man am Rande des Ortes in der Nähe der heutigen Marina auf bemerkenswerte archäologische Funde. Die Überreste einer großen römischen Villen-Anlage (allgemein als *Villa rustica* bezeichnet) wurden kurzerhand in einen archäologischen Park umfunktioniert, zugänglich gemacht und so ebenfalls touristisch genutzt.

23 Die bunten Bilder

Im istrischen »Hollywood«

Der winzige Ort Draguć liegt auf einem Felsvorsprung 358 Meter hoch und ist beidseitig von tiefen Tälern begrenzt, die zur Butoniga-Senke führen. Nicht einmal mehr 40 Menschen leben hier, und nichts erinnert daran, dass der Ort in den 70er und 80er Jahren des vorigen Jahrhunderts aufgrund zahlreicher Film- und Fernsehproduktionen »istrisches Hollywood« genannt wurde. Geblieben sind nur die wundervollen Bilder einer einzigartigen Landschaft, die man am besten von der kleinen Kirche des heiligen Rochus am Ortsende genießt – von hier hat man Ausblicke in drei Himmelsrichtungen. Doch dabei sollte man nicht vergessen, dass auch die kleine Kirche einen großen Schatz bewahrt – nämlich Fresken des Meisters Anton aus Padua (damit ist aber nicht das italienische Padua gemeint, sondern ein Berg neben dem Dorf Kašćerga in der Nähe von Draguć). Die bunten und überaus farbenfrohen Fresken gelten neben denen von Beram (siehe Seite 24) als die am besten erhaltenen von Istrien und zeigen biblische Motive wie die Flucht aus Ägypten, die Verkündung oder die Verehrung der Heiligen Drei Könige (Foto nebenstehend).

Leider ist – wie so oft in Istrien – die Schlüsselbeschaffung mühsam, was wahrscheinlich der Grund dafür ist, dass so wenige Leute tatsächlich den Weg hierher finden. Aber vielleicht ist das auch gut so, denn die Ruhe und Stille im Ort sind geradezu ergreifend – und das sollten sie ehrlich gesagt auch bleiben.

Dabei war es nicht immer so ruhig in Draguć, denn noch vor etwas mehr als 100 Jahren lebte der Ort sehr gut von der Seidenraupenzucht. Am zentralen Platz steht einer der letzten Maulbeerbäume und spendet dem sogenannten Bürgermeistertisch Schatten. Den spendet auch die alte Architektur mit ihren Bögen und Durchgängen, die ein pittoreskes Altstadtensemble bilden. Die Menschen mögen weggezogen sein, geblieben sind aber die Stille, die Ruhe und die bunten Bilder.

Adresse Draguć b.b., 52402 Draguć, in der Kirche des heiligen Rochus | **Anfahrt** Auf der Landstraße von Buzet nach Cerovlje, Draguć ist circa 14 Kilometer von Buzet entfernt. Zur Kirche muss man durch den gesamten Ort bis ans andere Ende gehen, sie liegt am Parkplatz am entgegengesetzten Ortsende. | **Öffnungszeiten** Keine, man muss den Schlüssel erfragen – wenn man das Glück hat, jemanden zu treffen, der weiß, wo der Schlüssel liegt, ist eine Besichtigung möglich. | **Tipp** Die Ruhe des Ortes kann man auch gut im netten Buffet Zora am zentralen Platz bei einer Karaffe Wein auf sich wirken lassen; der Begriff »buffet« wird hier wie in Triest für kleine – Osteria-ähnliche – Lokale verwendet.

24__Der Markuslöwe

Zeigt die Krallen

Die Markuslegende gehört zu den spannendsten Geschichten Venedigs, das sich seine Machtposition erst durch den Raub der Markusreliquie in Alexandria sicherte. Freilich wurde die Reliquie offiziell nicht »geraubt«, sondern »überführt« – am 31. Januar wird die sogenannte Translation (Überführung) gefeiert. Die Gier der Venezianer, immer mehr Heilige »heimzuholen«, war unersättlich und wurde nur von der Gier nach Macht und Reichtum übertroffen; da kamen auch die Kreuzzüge gerade recht, insbesondere der vierte Kreuzzug war äußerst lukrativ. 1202 beging die Serenissima unter Führung des Dogen Enrico Dandolo eines der größten Verbrechen innerhalb des Christentums, denn Ziel der Venezianer war nicht das »Heilige Land«, sondern das christliche Byzanz. Die Stadt wurde eingenommen, geplündert, und die größte Kirche der Christenheit geschändet, indem man die Hagia Sophia mit »gottlosen Orgien« entweihte. Dabei wurde der Markuslöwe erstmalig als Kriegsbanner eingesetzt – unfassbar: Unter dem Banner eines christlichen Heiligen wurde die damals größte Stadt des Christentums gedemütigt.

Seit dem 12. Jahrhundert wurde dem Dogen dann bei seiner Investitur neben dem Zepter auch das Markusbanner überreicht. Seit dem 14. Jahrhundert sind Reliefskulpturen des Markuslöwen im gesamten adriatischen Herrschaftsgebiet Venedigs zu finden. Auffallend viele Löwen halten in Istrien eine geschlossene Bibel in der Hand, zeigen deutlich die Krallen, haben hochgezogene Mundwinkel, die Flügelenden sind deutlich gespitzt, und manche Löwen strecken auch noch die Zunge heraus. Diese bösen Markuslöwen werden im Venezianischen »leone in molecha« genannt – ein Dialektausdruck für große Lagunen-Krabben, die ihre gefährlichen Scheren ebenfalls abspreizen, wenn sie drohen. Es handelt sich also um eine Warnung, dass der »Löwe die Krallen zeigt«, falls die widerspenstigen Istrianer aufsässig werden sollten.

Adresse an der Mauer neben Buffet Zora, Nr. 34, 52402 Draguć | **Anfahrt** auf der Landstraße von Buzet nach Cerovlje, Draguć ist circa 14 Kilometer von Buzet entfernt | **Tipp** In Novigrad, Buje und auch in Rovinj (am Uhrturm) beispielsweise findet man noch einen weiteren Typus Löwe, den sogenannten »leone andante« – er steht auf drei Beinen, der Körper zeigt die linke Flanke, die Schnauze ist dem Betrachter etwas zugewandt, und der linke Flügel ist angehoben, während der rechte Flügel fehlt, der Schwanz ist meist s-förmig, die rechte vordere Pranke hält von oben die Bibel. Diese »Löwen gemessenen Schrittes« bezeichnen einen offenen Handelsplatz.

25__Die Sardinen

Vom Lernen freier Marktwirtschaft

Kaum ein Gast wird sich Gedanken darüber machen, was die Sardinen (ital. sardella) und Sardellen/Anchovis (ital. sardoni) für die Menschen von Fažana bedeuten; sie sind Teil ihres Lebens, ihrer Geschichte, ihres Schicksals und ihrer Identität.

In vorkommunistischen Zeiten herrschte am Meer das Recht des Stärkeren, die Fischer hatten sich ihre Fanggründe mehr oder weniger »untereinander« aufgeteilt. Dann kam etwas Ordnung von außen in die Sache, mit strukturierteren Handelswegen. Bis in die 1970er Jahre hinein diente ein altes Gefängnis mit meterdicken Wänden als »Kühlhaus«. Wenn die Sardinieri eintrafen und ihre Ladung anlandeten, bekamen die Alten und Bedürftigen stets ein Gratis-Carepaket; das war auch noch üblich, als die neuen modernen Kühlhäuser errichtet waren. In Restaurants kam der Fisch damals selten – er war zu billig. Deshalb wurde der nicht verkaufte Fisch von den Fischersfrauen konserviert.

Die neue Fischkonservenfabrik »Mirna« setzte auf große Trawler, was in den 1980er Jahren zu einem Sterben der Sardinenfischer führte; nur drei private Kutter überlebten. Dann überstürzten sich die Ereignisse, denn Kroatien spaltete sich von Jugoslawien ab, und es herrschten vollkommen unklare wirtschaftliche Verhältnisse. Die ersten Privatisierungen endeten im Chaos, die Mirna wurde zugesperrt, Hunderte Fabrikarbeiterinnen verloren ihren Job, und die Fangflotte wurde zerschlagen. Die freie Marktwirtschaft musste schmerzlich erlernt werden.

Doch es gab wie immer auch Gewinner, diejenigen Fischer beispielsweise, welche sich nicht an das Kombinat angeschlossen hatten und »frei« blieben, oder die Damen, welche ihre Erfahrungen aus der Fischkonservierung privat umsetzten und heute den Fisch auf unglaublich delikate Art zubereiten. Und natürlich die Restaurantbesitzer, die aus einem (nach wie vor viel zu) preiswerten Fisch eine (halbwegs) einträgliche Delikatesse machen.

Adresse Stara Konoba, Trg Stare škole 1, 52212 Fažana | **Anfahrt** auf D 21 von Pula
Richtung Vodnjan, circa 10 Kilometer nordwestlich von Pula | **Öffnungszeiten** täglich
10 – 22 Uhr, im Sommer bis 24 Uhr | **Tipp** Ein Touristenmagnet ist das »Sardinenfest« im
Sommer. Insbesondere im Konservieren von Sardinen sind die Menschen von Fažana
Spezialisten, denn an kaum einem anderen Ort werden die gesalzenen und in Öl einge-
legten Fische derart handwerklich perfekt verarbeitet. Eine weitere gute Adresse für den
Sardinen-Schmaus ist die Konoba Batana (Trg Stare škole 17, 52212 Fažana).

26 Die Naturbrücke

Oder doch das Tor zur Unterwelt?

Istrien ist ein Land der Höhlen und Dolinen (Sinkhöhlen), mehr als 1.500 sind bekannt, viele davon bis heute unerforscht. Einige dieser Höhlen sind zu Schauhöhlen umfunktioniert. Beispiele dafür sind etwa die Feštiner Höhle, welche eine der wenigen flach und nicht steil nach unten verlaufenden Höhlen Istriens ist, die am Limski-Kanal gelegene Piratenhöhle, welche insbesondere einen touristischen Reiz ausübt, oder auch die berühmte Schachthöhle Jama Baredine, der obligatorische Abstieg in die istrische Unterwelt vieler Erstbesucher.

Mit Silvije Legović, dem Besitzer der Baredine-Höhle, kann der wagemutige und höhleninteressierte Naturliebhaber auch Plätze besuchen, die außer ortskundigen Einheimischen kaum jemandem bekannt sind. Ein schönes Beispiel dafür ist Pećine Vergotino.

Mitunter ist der Weg das Ziel, denn das Auffinden dieses Juwels ist nicht wirklich leicht; eine ortskundige Führung macht das Höhlenforschungsunterfangen wesentlich leichter. Inmitten von wilder, nahezu unberührter Natur liegt dieser imposante Einbruch, der von oben betrachtet wie der Eingang zur Unterwelt wirkt und eine tolle Filmkulisse abgeben könnte. In Wirklichkeit handelt es sich hierbei aber gar nicht um eine Höhle, denn bei näherer Betrachtung wird man feststellen, dass dies nur eine Steindecke ist – quasi eine Naturbrücke. Über eine etwa zehn Meter breite »Rampe« kann man unter der Naturbrücke durchgehen und ins Reich der Tiefe hinabsteigen. Von hier unten wird das Naturschauspiel noch deutlicher: Der gesamte horizontale Einbruch ist etwa 25 Meter lang und fünf Meter breit, die stellenweise bis zu zehn Meter hohe Naturbrücke teilt den Einbruch in zwei Hälften.

Istrische Höhlen dienten auch schon immer dazu, sich ungeliebter Sachen zu entledigen. Und trotzdem wundert man sich zu hören, dass hier unten einst ein »entsorgter« Škoda gelegen haben soll – nur wo ist der hin?

Adresse am besten bei der Höhle Baredine (www.baredine.com) Silvije Legović fragen und sich hinführen lassen **| Anfahrt** Auf der E 754 von Pula nach Triest, Abfahrt Višnjan / Poreč Nord, fünf Kilometer Richtung Poreč. Die Höhle Baredine ist gut ausgeschildert. **| Öffnungszeiten** das ganze Jahr über zu besichtigen **| Tipp** Höhlen von besonderem kulturhistorischen Wert sind die beim Limski-Kanal gelegene Romualdo-Höhle, deren Höhlenmalereien zurzeit erforscht werden und in der Heilige gewohnt haben sollen, sowie die nordöstlich von Pula gelegene Šandalj-Höhle, in der bereits vor 20.000 Jahren Menschen siedelten, wie fossile Reste und Funde belegen. Beide Höhlen werden zurzeit erforscht und sind derzeit nicht zugängliches Sperrgebiet.

27__Die Votivnägel

Man muss fest daran glauben

Gračišće ist sicherlich eine der schönsten mittelalterlichen Burgstädte Istriens und auch in den Sommermonaten so etwas wie »abseits der Pfade«. Die Häuser und Bauten innerhalb der Wehrmauern sind teilweise oder sogar vollkommen erhalten – der schöne Stadtkern wurde zudem renoviert, man geht nicht mehr wie früher auf Sand und Lehm, sondern auf Pflastersteinen. Das repräsentativste aller Gebäude ist wahrscheinlich der eindrucksvoll ebenmäßig gebaute Steinpalast der Familie Salamon aus dem 15. Jahrhundert, dessen venezianisches Biforium im Obergeschoss die Herkunft verrät. Am sogenannten Potok ist ein ganzer Straßenzug mit Handwerkshäusern aus dem 15. Jahrhundert mit eingemeißelten Baujahren und Handwerkssymbolen an den Tragbalken erhalten; im Erdgeschoss waren die Handwerksräume, oben wurde gewohnt.

Das interessanteste Bauwerk ist zugleich das markanteste; und dennoch wird es leider höchst selten beachtet. Die Rede ist an dieser Stelle von der kleinen Votivkirche Muttergottes, direkt am Hauptplatz stehend. Die Vorhalle der Marienkirche ist zugleich die Loggia des Ortes; sie wird von einer mächtigen barocken Kassetten-Holzdecke geschmückt. Das Innere ist mit Fresken verziert, die durch die vergitterten Seitenfenster teilweise sichtbar sind.

Das Besondere an dieser Votivkirche sind aber die sichtbaren Reste des alten Glaubens: Zwischen den Steinen in ihrer Mauer sind zahllose Votivnägel eingeschlagen. Sie dienten als Gabe für die erhoffte Heilung von Krankheiten oder wurden bei Unfruchtbarkeit eingeschlagen, wenn trotzdem ein unstillbarer Kinderwunsch vorhanden war. Sollte das nicht ausgereicht haben, so befindet sich vor der Loggia ein großes Steingefäß mit ausgehöhlten Maßeinheiten für feudalere Abgaben bei »noch größeren« Wünschen. Inwieweit das geholfen hat, ist nicht überliefert … aber am Glauben daran wird nach wie vor festgehalten!

Adresse 52403 Gračišće, durch das Stadttor, dann direkt rechts abbiegen, die Kirche steht auf der Piazza | **Anfahrt** auf der D 68 von Pazin nach Vozilići, circa acht Kilometer südöstlich von Pazin | **Tipp** Von Gračišće aus hat man einen traumhaften Blick auf die umliegende Hügellandschaft von Škopljak; durch das malerische Gebiet führt der zehn Kilometer lange Pilgerweg des heiligen Simon. Wem die Wanderung zu anstrengend ist, der kann sich nach einer Stadtbesichtigung in der Konoba Marino (www.konoba-marino-gracisce.hr) bei Wein und einfacher Hausmannskost erholen.

28___Die Kaya Energy Bar
Besonders ungewöhnlich anders

Nach dem Zweiten Weltkrieg erging es Grožnjan wirtschaftlich und politisch katastrophal, der Ort war nahezu menschenleer und muss ein gespenstisches Bild abgegeben haben. In den späten 1960er Jahren war der Künstler Aleksander Rukavina derart angetan von der idyllisch gelegenen Kleinstadt, dass er beschloss, hier eine Künstlerkolonie anzusiedeln; die Künstler durften mietfrei wohnen, wenn sie im Gegenzug die Häuser renovierten. Schon bald lebten hier mehr als 30 Künstler, doch mit dem jugoslawischen Bürgerkrieg kam der nächste Rückschlag. Die serbischen Künstler mussten fliehen, und die Gemeinde verlangte ab sofort Miete für die Häuser, die sich viele Künstler nicht leisten konnten.

Heute bezeichnet sich Grožnjan wieder als Künstlerdorf, doch die meisten Schaffenden kommen nur in den Sommermonaten her, fürchten sich aber vor den Touristenströmen. Deshalb kann man in Grožnjan etwas beobachten, was genau diametral zum übrigen Istrien verläuft: Während die meisten istrischen Orte erst durch die Touristen zum Leben erweckt werden, erwacht Grožnjan erst dann, wenn genau diese weg sind. Während anderswo die Galerien geschlossen werden, wenn die letzten Besucher abends den Ort verlassen haben, werden sie in Grožnjan erst geöffnet. Die Einheimischen kommen aus ihren Häusern, die Galerien öffnen die Pforten, und die Straßen beleben sich. Hier abends auf der Stadtmauer sitzend Wein trinken, das ist Genuss!

Gänzlich ungewöhnlich ist auch die »Kaya Energy Bar«. Genau genommen ist das ein Geschäft mit Naturmöbeln, Asiatika (!) und Designobjekten – unweigerlich stellt sich dem urban geprägten Menschen die Frage, wer das hier wohl kauft. Im Geschäft befindet sich eine Café-Bar, draußen eine wunderschöne Terrasse. Wer also nicht rustikal auf der Mauer versumpern möchte, der trinkt seinen Malvasia oder Teran hier, in diesem besonders anderen Ambiente, das auf einzigartige Weise urbanes Lebensgefühl mit ländlicher Tradition verbindet.

Adresse Kaya Energy Bar & Design, Vincenta iz Kastva 2, 52429 Grožnjan, Tel. +38552/776051 | **Anfahrt** Das in den Felsen geschlagene Geschäft liegt versteckt hinter einer Straßenkuppe in einer Senke. | **Öffnungszeiten** April–Okt. 9–0 Uhr | **Tipp** Sehenswert sind in Grožnjan auch die Städtische Galerie Fonticus mit zahlreichen Werken nationaler und internationaler Künstler sowie die interessante Heraldische Sammlung mit mehr als 150 Wappenreliefs von istrischen und kroatischen Städten.

29___Der Laveč
Kupferkessel für die Maneštra

Ohne Tourismus war Istrien zwar idyllischer, aber leider auch bettelarm. Der Pršut (siehe Seite 136) war für die Bauern der Inbegriff von Reichtum, denn diesen konnte man für gutes Geld verkaufen. Bis heute hält sich der Spruch: »Pršut ist so teuer – da kannst du dir gleich ein ganzes Schwein kaufen!« Aber wenn das Fleisch des Pršut verkauft war, dann blieben immerhin noch die Knochen und bereicherten die Küche der armen Bauern, welche sich oft nur von Bohnen, Getreide, Kartoffeln und Supa (siehe Seite 226) ernährten. So auch die Maneštra, das unumstrittene Nationalgericht der Istrianer. Die Grundzutaten der Suppe sind immer Bohnen, Kartoffeln, Zwiebeln, Knoblauch und ein Stück Schinkenknochen – die restlichen Zutaten abhängig davon, was sonst noch zur Verfügung steht. Im Original wird die Maneštra stundenlang in einem über Holzkohlenglut hängenden, »Laveč« genannten Kupferkessel gekocht; doch der Laveč ist im modernen Istrien selten geworden. In der Konoba Ferlin hängt noch einer und erinnert stumm an alte, entbehrungsreiche Zeiten.

Überhaupt ist die authentische Konoba von Nevenka wie ein Traumbild längst vergangener Tage. Das Interieur einfach und ländlich gehalten, kein Schnickschnack lenkt vom Wesentlichen – nämlich dem guten Essen – ab. Die handfeste Küche bietet alles, was man sich in anderen Konobas zu Malvasia und Teran nur wünschen darf: köstliche hausgemachte Kobasice vom offenen Feuer, großartige Pljukanci, selbstredend eine köstliche Maneštra und als Krönung die mit Frischkäse gefüllten Ravioli, welche mit Skorup serviert werden. Für diesen Skorup schöpft Nevenka täglich den frischen Rahm der Kuhmilch ab und sammelt diesen in einer Schüssel, in der sich der Rahm der Vortage befindet. Dieser Skorup wird immer wieder entnommen, in einer Pfanne subtil gebraten, bis er goldbraun ist, und anschließend als Aroma über die Ravioli gegeben – einfach wunderbar!

Adresse Agroturizam Ferlin, 52341 Gržini, Nr. 2, bei Žminj | **Anfahrt** auf die Ž5077 von Žminj Richtung Barban, rechts nach Gržini abbiegen, circa sieben Kilometer südöstlich von Žminj | **Öffnungszeiten** Man muss unbedingt anrufen unter Tel. +38552/823515. | **Tipp** Neben dem Kupferkessel war einfaches, irdenes Geschirr aus Ton das Gefäß, in dem sich die Landbevölkerung ihre einfachen Getreidegerichte garte – meist wurden diese wie ein Römertopf einfach in die Glut gestellt. Heute dienen Terina (große Tonschale) & Co. meist nur mehr als Dekoration rustikaler Konobas.

30___Die Galerija Hum
Gitarrenklänge im Romantikambiente

Nun ist Hum ja alles andere als ein unbekannter Ort – ganz das Gegenteil ist der Fall, denn die auch als »kleinste Stadt der Welt« beworbenen mittelalterlichen Mauern sind eine der wichtigsten Touristenattraktionen Istriens, zumindest in den Sommermonaten. Im Winter hingegen ist Hum wohl die ruhigste Stadt der Welt, denn es leben hier tatsächlich kaum mehr als drei Familien, die kaum vier Handvoll Menschen zählen. So ungewöhnlich wie das Leben in Hum, so ungewöhnlich ist auch die Bürgermeisterwahl: Er wird immer nur auf ein Jahr gewählt, und zwar jeweils am zweiten Sonntag im Juni. Jeder Kandidat besitzt auf einem gemeinsamen vierkantigen Holzstück eine Kante, in die von den Wählern beim jeweiligen Wunschkandidaten eine Kerbe geritzt wird. Wer also am meisten am Kerbholz hat, ist für ein Jahr der Bürgermeister dieser Stadt. Auf der Informationstafel neben der Loggia ist eine Abbildung des Kerbholzes zu sehen – quasi als Dokumentation dafür, dass diese Geschichte tatsächlich eine wahre ist.

Schlendert man – vorzugsweise im Frühling – durch die malerischen Gässchen, so wird man unweigerlich von einer romantischen Stimmung erfasst. Tatsächlich strahlen diese alten Mauern auf ganz ungewöhnliche Weise Ruhe aus. Der harte, als Schutzwall gedachte Stein, aus dem die Stadt erbaut wurde, wirkt auf einmal sanft und einladend. Dieses Gefühl wird noch verstärkt, wenn man auf den kleinen Platz vor der sogenannten Galerija Hum (Bilder, Kunsthandwerk und handgefertigte Textilien) gelangt.

Unter einem schattenspendenden Baum sitzen zuweilen Musiker. Sie spielen aber nicht wirklich für Publikum, denn ein solches ist ohnedies kaum vorhanden. Sie spielen für sich und das Ambiente. Nein, das ist keineswegs aufgesetzt oder gar kitschig – es ist auf eine einzigartige Weise das, was Musik ausmacht: Harmonie! Und diese Harmonie macht den Ort dann zu etwas ganz Romantischem, zumindest für diejenigen, welche darin einen wahren Wert erkennen.

Adresse Modni studio Cik Cak dizajn, Hum 3/2, 52425 Hum | **Anfahrt** auf D 44 von Buzet nach Lupoglav, rechts nach Hum abbiegen, der Platz und das Geschäft liegen am rechten hinteren Ende des Ortes | **Öffnungszeiten** vor Ort erfragen, wechselnd | **Tipp** In der hübschen und gemütlichen Humska Konoba (Tel. +3852/660005) kann man nicht nur eine schöne Aussicht auf das grüne Umland genießen, sondern mit der sogenannten »Nedeva« auch eine spezielle Rarität, welche nur hier angeboten wird. Es handelt sich dabei um eine Art Serviettenknödel (aus Semmelbröseln, Käse und Eiern), der besonders gut zu Gulasch mundet.

31 Die Anbindepflöcke
Boškarin in Reih und Glied

Das Bild mutet schon ein wenig seltsam an, das sich da am Ortsende von Kanfanar auftut. Innerhalb eines kleinen, von einer unscheinbaren Mauer umgebenen Wäldchens scheinen Steine aus dem Boden zu wachsen. Es sind geordnete Steinreihen, fast in Reih und Glied – und dennoch handelt es sich nicht um eine Steinreihe (wie die von Kermario), sondern schlicht um Anbindepflöcke für Rinder. Aber immerhin solche für ganz besondere Rinder der Rasse Boškarin.

Das Boškarin ist das typische Rind Istriens und diente den Bauern über Jahrtausende als Drei-Nutzungs-Rind (Fleisch, Milch, Arbeit). In den 1960er Jahren galt es beinahe als ausgestorben – es erging ihm also ähnlich wie seinem nahen Verwandten, dem Ungarischen Graurind. Die Wende brachte, man glaubt es kaum, ein Film. Dieser war genau genommen als Nachruf gedacht, doch er löste eine regelrechte Boškarin-Euphorie aus, die das Aussterben der mächtigen Tiere (Ochsen werden bis zu 1.500 Kilogramm schwer!) verhinderte. Dabei handelt es sich um eine wunderschöne Rasse mit weißem bis hellgrauem Fell und langen Hörnern, weshalb sie gern mit dem Minotaurus ins Spiel gebracht werden – an den Enden der Hörner sind oft Kugeln angebracht, damit sich die Tiere nicht gegenseitig verletzen.

Ebenso wie die Rinder war auch das Fest des Sv. Jakovlja (heiliger Jakob), das traditionell Ende Juli in Kanfanar gefeiert wird, ausgestorben und die Anbindepflöcke verwaist. Heute gibt es das Fest wieder und auch den Viehmarkt, auf dem die Tiere an besagten Pflöcken angebunden werden, um von der Jury in Sachen Körperbau, Schönheit und Gehorsam bei der Arbeit (natürlich nicht angebunden) bewertet zu werden. Die Siegertiere erhalten einen Lorbeerkranz als Prämie und werden von ihren Besitzern stolz durch den Ort geführt, bevor der Tag in einem rauschenden Fest bei gutem Essen, Wein, Gesang und Musik endet.

Adresse Kanfanar b.b., 52352 Kanfanar, die Anbindepflöcke befinden sich am Ortsende links auf der Wiese | **Anfahrt** auf Ž 5077 Žminj Richtung Rovinj, circa sechs Kilometer südwestlich von Žminj | **Tipp** Wer eine Herde mit Boškarin-Rindern sehen möchte, der kann dies zum Beispiel im Ort Fabci machen, wo ein gewisser Mario Gašparini knapp 30 Tiere hält – eine seiner Anweisungen lautete: »Giornalista scribe: Da Mario Gašparini e tutto naturale«, dann zeigte er auf eine Kuh und meinte ergänzend: »stasera oppure domani mattina pompa!« … tutto naturale eben. Links haltend durch den Ort fahren, die Herde befindet sich knapp nach dem Ort vor einem Waldstück.

32 Die Dvigrad

Le due castelli

Nur mehr Ruinen zeugen vom Verfall einer der einst wichtigsten und mächtigsten Burgstädte Istriens – besser der wichtigsten beiden! Dvigrad – auf Italienisch »Duecastelli« – bestand einst aus zwei Siedlungen namens Moncastello und Castel Parentino; doch nur eine von den beiden Siedlungen entwickelte sich zu dem, was man heute unter Dvigrad versteht (es gibt aber auch Vermutungen, dass die Siedlungen einfach zusammengewachsen sind). Mit 16.000 Quadratmeter Fläche ist sie die größte Ruinenstadt Istriens, und der erstaunlich gut erhaltene mächtige Wehrturm ziert viele Postkarten; überhaupt scheinen Türme das einzige Überbleibsel der Stadt zu sein. Dvigrad war deshalb strategisch gesehen wichtig, weil man von hier aus die Straße, die durch das Limtal in Richtung Osten führte, sehr leicht kontrollieren konnte.

Heute betritt man eine verlassene Stadt, die aber nicht etwa – wie so viele andere istrische Städte – erst nach dem Zweiten Weltkrieg aufgegeben wurde, sondern bereits viel früher. Nicht nur eine Geißel Istriens suchte die Stadt Dvigrad heim, sondern gleich alle drei: Malaria, Pest und Krieg. Die häufigste Plage war die durch Malaria-Fieber, das die Alten, Kranken und Kinder regelrecht dahinraffte. Dazu immer wieder Kriege: im 14. Jahrhundert die Genueser, später dann Uskoken und andere. Die Stadt wurde mehrfach geplündert, wer nicht rechtzeitig fliehen konnte, wurde grausam abgeschlachtet. Und schließlich, als hätte die Stadt nicht genug Leid erlitten, kam auch noch die Pest; gegen den Schwarzen Tod war man ohnmächtig, die schlimmste und verheerendste Pestwelle traf Dvigrad 1631.

Danach hatten die Bewohner endgültig genug, sie verließen Dvigrad und zogen hinauf ins benachbarte Kanfanar (siehe Seite 74). Die Ruinen von Dvigrad hinterließen sie als einen Ort der Stille und des Todes, der heute von Zikaden und Eidechsen dankend als Wohnraum angenommen wird.

Adresse Ruine Dvigrad, 52352 Kanfanar | **Anfahrt** auf Ž 5077 Žminj-Rovinj, bei Kanfanar rechts nach Dvigrad abbiegen circa drei Kilometer westlich von Kanfanar | **Tipp** Auf dem kleinen Friedhof unter Dvigrad steht an der Straße (Kanfanar–Mrgani) die kleine Ordenskirche Heilige Maria von Lakuć, deren Inneres mit Fresken aus dem 15. Jahrhundert geschmückt ist – sie sind das Werk eines Künstlers, der den Beinamen »Farbenfroher Meister« erhielt. Farbenfrohe Fresken enthält auch die Kirche St. Antonius Abt auf der anderen Seite von Dvigrad – diese sind durch ein kleines vergittertes Fenster teilweise zu besichtigen; der Weg ist nicht beschriftet, fragen lohnt daher.

33 Die Kanzel

Die Last der zwei Türme

Wenn man die Gelegenheit hat, die Kirche S. Silvester in Kanfanar zu besichtigen, so sollte man dies unbedingt tun. Die Kirche wurde nämlich zu einem großen Teil mit dem Inventar der Kirche der heiligen Sophia eingerichtet, die in Dvigrad (siehe Seite 72) stand. Auf der Kanzel wird man ein Relief erkennen, das die heilige Sophia zeigt; die Schutzheilige der beiden verschwundenen Städte von Dvigrad trägt auf ihren Händen zwei Burgen, mit denen Moncastello und Castel Parenzo symbolisiert werden.

Warum gerade hier, einige Kilometer von Dvigrad entfernt?, wird sich manch geneigter Leser fragen. Die Antwort liegt auf der Hand: weil die Bewohner von Dvigrad hierhergezogen – besser geflüchtet sind. Dvigrad war eine gepeinigte Siedlung; Malaria, Pest und Kriege – von nichts blieben die beiden Städte verschont. Im 17. Jahrhundert hatten die Menschen genug davon und zogen einige Kilometer ins Landesinnere, in die gesunde Sommerfrische der Hochebene, fernab von Malaria und anderem Übel. Und von hier oben hatte man obendrein die Möglichkeit, Feinde viel früher zu erkennen. Zudem hatten viele Einwohner Bekannte und Verwandte hier, die bereits früher aus Dvigrad geflüchtet waren und als die »Gründer von Kanfanar« in die Annalen der Stadt eingegangen sind.

Im Zuge dieses Exodus nahmen sie die verbliebenen Kirchenschätze und besagte Kanzel hierher. Seitdem ziert die Kanzel der heiligen Sophia nicht mehr die gleichnamige Kirche in Dvigrad, sondern eben die Kirche S. Silvester in Kanfanar.

In den mächtigen noch erhaltenen Ruinen des Kirchenschiffs der heiligen Sophia in Dvigrad werden heute Konzerte mit alter Musik abgehalten. Bei Ausgrabungen und Forschungen wurden einige Relikte von Fresken entdeckt, die als die ältesten von Istrien gelten – sie wurden genauso wie die Kanzel der Sophia entfernt, aber nicht nach Kanfanar gebracht, sondern ins Archäologische Museum von Pula.

Adresse 52352 Kanfanar, in Kirche S. Silvester | **Anfahrt** auf Ž 5077 von Žminj nach Kanfanar, circa sechs Kilometer von Žminj entfernt | **Öffnungszeiten** Wenn die Kirche geschlossen ist, gegenüber in Istarska ulica 10 wohnt der Priester, bitte an der Tür klopfen. | **Tipp** Etwa zwei Kilometer nördlich von Kanfanar, an der Straße zum Dorf Barat, steht die kleine Kapelle der heiligen Agatha aus dem 11. Jahrhundert. Auch in ihr befinden sich Fresken, die zu den ältesten von Istrien zählen, das bekannteste Motiv stellt eine Frau ohne Augen dar. An der Außenwand ist ein interessantes Fischgrätenmuster in der Mauer zu sehen. Leider ist die Kapelle in Privatbesitz und nach einigen Einbruchsversuchen und jugendlichem Vandalismus gut versperrt. Eine Besichtigung ist derzeit kaum möglich.

34__Der »Sesselmarkt«
Biska am Wasserfall

Unterhalb der Stadt Hum, abwärts in Richtung Roč, führt eine schmale Straße nach Kotli. Der Ort schmiegt sich unauffällig in die Landschaft ein und bildet mit dieser ein schönes, fast schon wildromantisches Ensemble.

Für Naturfreunde bietet sich hier mit den Mirna-Fällen ein einzigartiges Naturschauspiel. Die Mirna, der Hauptfluss Istriens, fällt hier in mehreren Stufen steil hinab und bildet zahlreiche kleinere und größere Wasserfälle. Im Laufe der Jahrtausende hat das Wasser auf diese Weise den felsigen Untergrund regelrecht abgeschliffen, und im weißen Gestein des Karstes haben sich tiefe Mulden gebildet. Diese sehen aus wie Badewannen, und im Sommer, wenn der Fluss nahezu ausgetrocknet ist, erreicht das in diesen Gesteinswannen verbliebene Wasser auch Badewassertemperaturen. Fast am Fuße des Wasserfalls befindet sich eine kleine Mühle, zu der man hinabsteigen kann. Eine kleine Brücke führt über das Naturspektakel zum Agroturizam Kotlić, von dessen Terrasse aus man das Schauspiel besonders gut bewundern kann.

Vis-à-vis des kleinen Agroturizam liegen drei, vier Steinhäuser. Gleich im ersten Gebäude wird man etwas vorfinden, das typisch für Istrien ist: einen Tisch- oder Sesselmarkt, auf dem verschiedene hausgemachte Köstlichkeiten angeboten werden. Derartige »Märkte« findet man in Istrien an jeder Durchgangsstraße, vor jeder wichtigen Sehenswürdigkeit und an allen frequentierten Orten. Meist werden Kunsthandwerk, Wein, Olivenöl, Honig, Schnaps und ähnliche landwirtschaftliche Produkte angeboten – und oft ist die Qualität eine gute.

Das Besondere hier ist der Biska, ein für die Humser Region typischer Trester-Schnaps mit Misteln und Kräutern. Früher waren es die Kelten, welche die Misteln aus religiösen Gründen verwendeten. Dank des Kräuterpfarrers Josip Vidov ist das »Originalrezept« erhalten und das fein-aromatische Mistel-Elixier bis heute in aller Munde.

Adresse Kotli, circa elf Kilometer von 52420 Buzet entfernt | **Anfahrt** auf D 44 Buzet Richtung Hum und Rijeka, von der Hauptstraße rechts Richtung Hum abbiegen, dann rechts nach Kotli | **Öffnungszeiten** bei Familie Bužić, Tel. +38597/6286725, an der Tür klopfen | **Tipp** Ganz in der Nähe befindet sich die Konoba Valter Kolinasi (www.konoba-kolinasi.com), ein trotz der Größe noch als Tipp gehandeltes Gasthaus mit guter Küche; aufgrund des hohen Anteils »einheimischer« Gäste hat es eine lebendige, kroatische Atmosphäre.

35__Die Kreuzgruppe

Göttlicher Schutz vor Vampiren

Das Dorf Kringa würde wahrscheinlich in Bedeutungslosigkeit dahinvegetieren, gäbe es da nicht die Geschichte von Jure Grando, einem »leibhaftigen« Vampir, in Istrien »Štrigon« (Hexer) genannt. Johann Freiherr von Valvasor erwähnte ihn in seiner Schrift »Ehre des Herzogtums Krain«. Jure Grando soll 16 Jahre nach seinem Tod aus dem Grab gekrochen sein und als »Untoter« das Dorf terrorisiert haben. Er vernaschte bevorzugt junge Witwen, wie Valvasor berichtete: »Nothzüchtig die hinterbliebene Witwe. Er hat auch bey seiner hinterlassenen Witwe sich eingefunden und dieselbe würklich beschlaffen. … Der Supan bittet deßwegen etliche beherzte Nachbarn zu sich gibt ihnen zu sauffen und spricht ihnen zu sie sollen ihm Beystand leisten daß solchem Übel möge abgeholffen werden: weil dieser Giure Grando, allbereit viele ihrer Nachbarn gefressen hette dazu die Witwe alle Nächte überwältigte und beschlieffe.«

Der Geschichte nach öffneten die Bauern das Grab, um Jure zu pfählen – was aber nicht gelang. Darauf wurde dem Leichnam der Kopf abgeschlagen, angeblich floss Blut aus dem toten Körper. Anschließend hat man das Grab zugeschüttet.

Bemerkenswerterweise wurden hauptsächlich Mädchen und junge Witwen belästigt, denen der Verkehr mit Männern eine gewisse Zeit verboten war. Die Bauern waren oft tagelang unterwegs, um ihre Waren auf Märkten zu verkaufen – Frauen und Mädchen blieben zu Hause; da kann auch frau auf »dumme« Gedanken kommen. Schön ist auch der Hinweis, dass sich die »Helden« vor ihrem Feldzug gegen Jures Leiche erst einmal Mut ansaufen mussten …

Die Bewohner von Kringa glauben bis heute, dass ein Štrigon ihr Dorf heimgesucht hat. Eine extra aufgestellte Kreuzgruppe soll Schutz vor ungeliebten Nachtwesen bieten – seitdem ist angeblich Ruhe … Die Männer haben hingegen ein Argument weniger für den tieferen Blick ins Glas und die Frauen fürs Fremdgehen.

Adresse Kringa (52444 Tinjan), direkt am Ortseingang | **Anfahrt** auf D 48 Baderna Richtung Pazin, circa zehn Kilometer südöstlich von Baderna | **Tipp** Die Wände der (nicht weiter sehenswerten) örtlichen »Café Bar Vampir« sind über und über mit kitschig-bunten mystischen Wesen verziert; zudem sind geheimnisvolle Zeitungsartikel und Publikationen auszumachen. Neben dem Lokal befindet sich sogar ein »Vampir-Museum« mit allerlei seltsamen Artefakten, von denen der gepfählte Schädel und der Stein in Form eines Vampirkopfes sicherlich die skurrilsten sind.

36___Der Zugang zur Akropolis
Monkodonja – das Mykene Istriens?

Monkodonja bedeutet so viel wie »Quittenberg« – tatsächlich hat der Hügel von der Luft aus betrachtet die ovale Form einer Quitte. Siedlungen auf Hügeln zu errichten ist in Istrien seit Tausenden von Jahren üblich: Die Anhöhe gab Sicherheit vor feindlichen Angriffen, was offensichtlich noch wichtiger war als die schwierige Wasserversorgung im karstigen Land – aber oftmals liegen Quellen und/oder wasserführende Höhlen in unmittelbarer Nähe.

Die Siedlung Monkodonja stammt aus dem Jahr 2000 vor Christus und bietet nicht nur phantastisch erhaltene Mauerreste, sondern auch einen grandiosen Blick auf das drei Kilometer entfernte Meer. Monkodonja bestand aus einer Unterstadt und einer Oberstadt, die zusätzlich durch massive Mauern geschützt war. Den Hauptzugang zur Akropolis bildete eine erhaltene Torgasse, die sich von 1,5 Metern auf einen Meter verengt und abgedeckt ist. Blickt man heute durch diese Gasse, ist der Ausblick zur Küste überwältigend.

Bemerkenswert ist, dass für Monkodonja die Kuppe des Hügels künstlich eingeebnet wurde. Diese enorme Aufgabe ist ein Beleg dafür, dass es hier eine Führungsschicht gegeben haben muss, die über ausreichend Macht oder Einfluss verfügte, um ein derartiges Bauvorhaben durchzusetzen. Untersuchungen haben ergeben, dass die Akropolis eine Gestaltungsform hatte, die auf die kretisch-mykenische Welt der ersten Hälfte des 2. Jahrtausends zurückweist – auch die Gründung der Siedlung soll auf den intensiver werdenden Seeverkehr zurückgehen, mit dem im Jahr 2000 vor Christus neue Siedlungsräume erschlossen wurden; dabei wird ein enger Zusammenhang mit der minoischen Seeherrschaft, der »Thalassokratie«, gesehen. Belegt sind Handelsbeziehungen mit Mykene und anderen hellenistischen Zentren.

Das soziale Ungleichgewicht der Gesellschaft in Monkodonja war letztlich Grund für seinen Untergang um 1300 vor Christus, wie Waffenfunde in der Akropolis belegen.

Adresse Kukuletovica bei 52210 Rovinj | **Anfahrt** in Rovinj über Istarska ulica, Ulica Braće Božić Richtung Bale fahren, nach circa fünf Kilometern im Ort Kukuletovica beginnt der Schotterweg nach Monkodonja | **Tipp** Sehenswert sind in Monkodonja auch die gut erhaltenen Befestigungsmauern. Sie wurden aus dem Baumaterial, das beim Einebnen der Fläche angefallen ist, mit schier unglaublicher Präzision in Trockenbauweise errichtet und sind stellenweise bis zu drei Meter hoch und drei Meter breit.

37 — Die Memorialsammlung

Luthers streitbarer Weggefährte

Dies ist einer jener Orte, die man nicht findet, sondern bewusst suchen muss – das beginnt schon mit der Schlüsselbeschaffung, um Zugang zum Haus der ehemaligen Familie Francovic zu erhalten, in dem sich die Memorialsammlung befindet. Aus der Familie Francovic stammte der Gelehrte namens Matthias Flacius Illyricus, 1520 in Labin geboren als Matija Vlačić. Er genoss zunächst eine humanistische Ausbildung in Venedig, um Franziskaner zu werden, doch dem Orden ist er nie beigetreten. Wahrscheinlich war dies durch seinen Onkel mütterlicherseits Baldo Lupetina Provinzial beeinflusst, der ursprünglich Franziskaner war, dann aber zum Protestantismus konvertierte. Lupetina riet seinem Neffen, Istrien zu verlassen, bevor er 1556 von der venezianischen Inquisition hingerichtet wurde.

Sein Neffe Matthias begab sich 1539 nach Basel, dann ging er nach Tübingen und 1541 schließlich nach Wittenberg, wo er bei Luther und Melanchthon studierte. Durch sein streitbares und hitzköpfiges Wesen legte er sich bald mit vielen einflussreichen Protestanten an – vor allem Philipp Melanchthon war das Ziel seiner Streitschriften. Als er 1557 an die lutherische Uni Jena berufen wurde, begann sein Kreuzzug gegen die Philippisten, der Theologengruppe, die Melanchthons Lehren folgten. 1561 verlor er seine Stellung und zog nach Regensburg, anschließend war Antwerpen sein Ziel, von dort musste er nach Straßburg fliehen, das ihn nach heftigen klerikalen Auseinandersetzungen 1573 der Stadt verwies.

In Weimar verlor er dann auch noch die letzte Unterstützung der Lutheraner, weil er behauptete, dass die Erbsünde ein grundlegender Wesenszug der Menschen sei. Daraufhin konnte er nirgendwo mehr bleiben und starb schließlich im Jahre 1575 nach einer nicht enden wollenden Hetzjagd in Frankfurt. Die Memorialsammlung gedenkt seiner mit Schriften und einer Dokumentation seiner Odyssee.

Adresse Ulica Giuseppina Martinuzzi 7, 52220 Labin | **Anfahrt** auf der D 66 von Pula nach Labin | **Öffnungszeiten** Juni, Juli, Aug. 10 – 13 und 17 – 20 Uhr; Rest des Jahres im Museum nach dem Schlüssel fragen | **Tipp** Einen Besuch wert ist auch das im wunderschönen Palazzo Battiala-Lazzarini untergebrachte Labiner Volksmuseum, das unter anderem einen (skurrilen) künstlichen Nachbau der ehemaligen Kohlebergwerke beheimatet.

38___Die Muschelzucht

Der teure Schluck Meerwasser

Eins vorweg: Der Name Limski fjord hat nichts mit dem gleichnamigen Limfjord in Dänemark zu tun, sondern ist reiner Sprachgebrauch; richtig müsste der Meeresarm Limski zaljev genannt werden, doch »Limbucht« ist auch in Istrien nur wenig gebräuchlich.

Am Limski-Kanal scheiden sich die Geister – die einen lieben
ihn wegen seiner Naturschönheit, die anderen hassen ihn wegen
der sommerlichen Touristenströme. Aufgrund seiner Schönheit
wurde der Limski-Kanal bereits 1980 zum Naturreservat erklärt,
doch was galt das schon unter den verbrämten Kommunisten, für
die »Kohle« stets wichtiger war als »Schönheit«. Leider stehen hier
bis heute in den Sommermonaten Hunderte von Bussen Schlan-
ge. Die Besucher steigen aus, machen Fotos, gehen in ein großes
auf Busreisen spezialisiertes Lokal, kaufen ein Mitbringsel, steigen
ein und fahren ab. Von den wahren Werten des Kanals bekommen
sie nichts mit.

Der wahre Schatz des Kanals ist unter Wasser, denn hier befindet
sich eine der größten und besten Muschelfarmen Istriens; aus diesem Grund ist das Baden im Kanal verboten! Der niedrige Salzge-
halt und der hohe Sauerstoffgehalt begünstigen das Wachstum der
Muscheln. Geleitet wird die Farm von Emil. Das Leben der Mu-
schelfischer ist beinhart: das Wetter oft kalt, nass, ungemütlich und
die frühmorgendlichen Arbeitszeiten mehr als familienfeindlich.
Doch das interessiert die Gourmets nur wenig, wenn sie eine der
herrlichen Flachaustern schlürfen oder sich an den seltenen Mušule
delektieren: Diese sogenannte Arche-Noah-Muschel gibt es nämlich nur im Golf von Triest, in Istrien und vor Südafrika! Über die
Frachtschiffe, an deren Rumpf sie sich festgesetzt hatten, sind sie
einst nach Triest gelangt. Wie bei der Auster so gilt auch bei dem
Mušule, der wahre Schatz ist das hocharomatische Muschel-Wasser
(beziehungsweise der Sud) – wie sagte noch Rossini: der teuerste
Schluck Meerwasser der Welt!

Adresse Emil Sošić, Limski kanal b.b., Tel. +38598/414512 | **Anfahrt** E 751, vom Autobahn-
kreuz Medaki auf 21 Richtung Limski, circa fünf Kilometer nach Autobahnausfahrt |
Öffnungszeiten das ganze Jahr über zu besichtigen, aber nur vormittags | **Tipp** Die beste
Genuss-Adresse am Limski-Kanal ist das Restaurant Viking, denn es bezieht seine Muscheln
täglich frisch von Emil – einfach köstlich die gedämpften Mušule. Aber auch die rohen
Scampi aus der Kvaner Bucht oder der in Salzkruste gebackene Branzino sind wunderbar.

39__Die Kanone

Ehre sei Lazarić

Lindar liegt in 460 Meter Seehöhe auf einem Hochplateau und befand sich seinerzeit nahe an der ständig umkämpften Grenze zu Venedig. Von der Nordwestfront des Plateaus aus hatte man einen sagenhaften Rundumblick, weshalb die Österreicher hier eine Bastion errichteten. Heute erinnern an der Nordwestfront des Plateaus nur noch wenige Mauerreste an die einstige Bastion – und in ebendiesen ist eine Kanone eingemauert.

Das schon etwas zerschlissene Rohr soll an den heldenmütigen Hauptmann Josip Lazarić erinnern, der 1808 mit 24 Jahren als Freiwilliger in das erste Istrianer Landwehr-Bataillon eingetreten war. Schon 1809 hatte er sich seine ersten militärischen Ehren bei der Belagerung der venezianischen Festungsstadt Palmanova (Friaul) erworben; bei Laibach wurde er in einem Gefecht gegen die Franzosen schwer verletzt, vorläufig in den Ruhestand versetzt und leitete bis 1813 das Österreichische Konsulat in Triest (Triest war damals von Napoleons Truppen besetzt, und Österreich hatte nur ein Konsulat).

Als 1813 die französischen Truppen die illyrischen Provinzen nicht mehr halten konnten, trat Lazarić – nunmehr als Major – wieder in den Militärdienst ein. Bei Lindar stellte er sich am 4. September 1813 mit 47 (!) Soldaten und ein paar Bauern drei französischen Bataillons mit je 900 (!) Mann, die Istrien durchqueren und das bereits wieder österreichische Rijeka zurückerobern wollten. Es kam zu einem kurzen, heftigen Gefecht, aus dem die kleine Freiwilligentruppe als Sieger hervorging – der französische Kommandant wurde dabei gefangen genommen. Dem nicht genug, nutzte Lazarić die Gunst der Stunde und eroberte in nur zehn Tagen Pula und Koper zurück. Er wurde daraufhin in den Adelsstand erhoben, Platzkommandant von Triest und 1815 mit dem militärischen Maria-Theresien-Orden geehrt, 1849 wurde er zum Generalmajor »ad honores« (ehrenhalber) befördert.

Adresse Lindar (52000 Pazin), durch Ortsmitte, links vor der Pfarrkirche des heiligen Mohor und Fortunat | **Anfahrt** auf D 44 von Pazin Richtung Gračisće, circa vier Kilometer südöstlich von Pazin | **Tipp** Das wertvollste Kulturdenkmal in Lindar sind die in der Kirche Sv. Katarina befindlichen »Allegorischen Fresken«, die auch als »Živi križ« (lebendes Kreuz) bekannt sind. Sie erzählen unter anderem den Wechsel vom Alten zum Neuen Testament. Leider befinden sich die immer mehr verblassenden Fresken in einem äußerst bemitleidenswerten Zustand.

40___Istarske toplice
Schlammpackung unterm Eisernen Tor

Bereits seit der Römerzeit ist bekannt, dass es hier eine Thermalquelle mit 36 Grad warmem Wasser gibt. Bischoff Tomassini beschreibt 1650 erstmals auch die Nutzung als Heilbad: »Im Wald neben Motovun quillt laues schwefelenthaltendes Wasser, das in den Fluss Mirna einfließt. Die Landleute baden da und heilen auf diese Weise Rheumatismus und verschiedene Hautkrankheiten.« Die Quelle ist für stark schwefeliges, optimal radioaktives und warmes Wasser bekannt, das viele verschiedene Mineralien enthält. Die erste Analyse des Wassers wurde 1858 durchgeführt. Zu dieser Zeit war das Heilbad unter dem Namen »Terme Santo Stefano« bekannt und in Fachkreisen als eine der besten Thermalquellen in der österreichisch-ungarischen Monarchie empfohlen. Bis heute werden hier Fangopackungen, Inhalationen und sonstige Heilverfahren angewandt.

Sehenswert ist das Ambiente, denn der Kernkomplex samt Freibad zeigt eine typisch kommunistische Architektur, die derart ausladend wirkt, dass man sich fragt, wie man hier gesund werden kann … und ein Blick aufs Buffet verspricht auch nicht das, was man in der Trüffelgegend schlechthin erwartet. Aber es ist gelebter Kommunismus pur und als solches ein schönes Beispiel für postkommunistisches Weiterleben einer zum Sterben verurteilten Idee – und für den verwöhnteren modernen Menschen gibt es ja immerhin den neuen Gebäudekomplex zum Wohnen.

Oberhalb von Toplice erstreckt sich über dem Motovuner Wald ein berühmter Riesenfelsen bis auf 85 Meter Höhe. Die Felswand wird »Eisentor« genannt, weil hier der Überlieferung nach in römischer Zeit ein großes Tor Schutz vor den barbarischen Einfällen bot. Der Legende nach sprang ein Mädchen von den Felsen in den Tod, weil man es unschuldig der Unzucht »mit vielen Männern« verleumdet hatte. Heute dient der Felsen vor allem Sportkletterern aus aller Welt als Herausforderung.

Adresse Ulica Sv. Stjepana 60, 52427 Livade | **Anfahrt** auf D 44 von Buzet nach Motovun, circa zehn Kilometer westlich von Buzet | **Tipp** Ganz in der Nähe befindet sich ein unterirdischer Steinbruch – die sogenannte Kathedrale aus Fels. Vom Parkplatz aus geht man nach rechts – vorbei am alten Minigolf – bis zum Beginn der Steinbruchstraße, dann bergan gehend immer links halten, bis eine Rechtskehre kommt. Einige Minuten später erreicht man eine Abzweigung, hier den rechten Weg einschlagen, und nach ein paar hundert Metern steht man davor.

41 Der Rekordtrüffel

Dufte Knollen für ein Imperium

Der Name Zigante steht weit über die Grenzen Istriens hinaus gleichbedeutend für den größten Bodenschatz Istriens: die Trüffel. Giancarlo Zigante nutzte seinen legendären Rekordfund, um ein wahres Trüffel-Imperium zu gründen. Im Eingangsbereich seines Restaurants steht eine Nachbildung; unter dem unförmigen, mit Goldspray eingefärbten Gipsklumpen steht: »Die 1,31 Kilogramm schwere Weiße Trüffel wurde von Giancarlo Zigante am 2. November 1999 in der Nähe von Buje gefunden« – dazu eine Bestätigung vom Guinness-Buch der Rekorde. Dass der Nachbau dieser Trüffel mit Goldspray eingefärbt wurde, darf an dieser Stelle durchaus doppeldeutig verstanden werden, denn der geschäftstüchtige Zigante wusste mit seinem Fund zu wuchern. Ein wahres Zigante-Imperium entstand; mit Restaurant, Manufaktur, diversen über das Land verteilten Geschäften, ja sogar Trüffelsuchkurse werden angeboten.

Wer so viel Erfolg verbucht, der hat naturgemäß auch Neider, so wird gemunkelt, dass gar nicht er persönlich den Trüffel gefunden hat, sondern jemand anderes – auch wenn dem so gewesen sein sollte; Istrien hat Zigante viel zu verdanken, denn er ist einer derjenigen (damals wenigen) Protagonisten gewesen, die dafür eintraten, dass Istrien seine Trüffel selbst wirtschaftlich nutzt und sich nicht – wie es bis dato der Fall war – als billiger Trüffellieferant für Italien unter Wert verkauft.

Der kleine Ort Livade erwachte erst vor etwas mehr als 100 Jahren durch die Schmalspurbahn Parenzana zum Leben und entwickelte sich schnell zu einem Handelszentrum für Olivenöl und Wein, seit den 1920er Jahren auch für Trüffel. Bis heute wird hier alljährlich während der »Trüffeltage« im Oktober ein »Markt für landwirtschaftliche Produkte« abgehalten, im Zuge dessen die schönste und größte Trüffel prämiert wird, die dann für seinen stolzen Besitzer vielleicht »Gold« wert ist.

GUINNESS
WORLD RECORDS

CERTIFICATE

A WHITE TRUFFLE (EUTUBERACEAE TUBER) WEIGHING A
WORLD RECORD 1.31 KG WAS FOUND BY GIANCARLO ZIGANTE
OF POTOTOŠKA ON 2. NOVEMBER 1999, NEAR BUJE, CROATIA

Adresse Restaurant Zigante, Livade 7, 52427 Livade | **Anfahrt** auf D 44 von Buzet nach
Motovun, circa 17 Kilometer südwestlich von Buzet (die Trüffelstatue befindet sich im
Eingangsbereich) | **Öffnungszeiten** März–Nov. 10–20 Uhr, Dez.–Feb. 10–17 Uhr | **Tipp**
Unweit von Zigante befindet sich oberhalb des Ortes Livade die bekannte Ölmühle Ipša
(www.ipsa-maslinovaulja.hr), die für das istrianische Olivenöl gleichermaßen ein Vordenker
in Sachen Qualitätsdenken wie auch moderner Vermarktung war. Besonders hervorzu-
heben ist hier das Öl mit dem Namen »Istarska Bjelica«.

42 Der Balkon
Mythologischer Ausblick

Die Geschichte Lovrans reicht bis in die römische Antike zurück. So soll auch Marcus Vipsanius Agrippa, Freund und Schwiegersohn des Augustus, hier seine Sommerresidenz gehabt haben. Von den Römern hat der Ort auch seinen Namen Laurania – Leben in Lorbeersträuchern. Zahlreiche Prachtvillen säumen den von Volosko kommenden Lungomare, eine von ihnen ist die Villa Astra, eines der schönsten Boutique-Hotels an der Riviera. Nur wenige individuell gestaltete Zimmer bietet das edle Haus, eines der repräsentativsten verfügt über einen besonderen Balkon, von dem man über die gesamte Kvarner Bucht bis nach Cres sieht. Wenn die letzten Sonnenstrahlen hinter der Insel verschwinden, dann hört man vielleicht die Stimmen von Absyrtos und den griechischen Helden aus der Argonautensage.

Absyrtides war der in der Antike gebräuchliche Name der Inselgruppe um Cres, Krk und Lošinj, die insgesamt 36 Inseln umfasst. König Aison aus Kolchos besaß das Goldene Vlies, das vom Weiberheld Jason mit Hilfe der von ihm umgarnten Königstochter Medea gestohlen wurde. Absyrtos, der Sohn des Aison und Bruder der Medea, machte sich auf die Verfolgung und stellte die Argonauten beim Kvarner. Medea lockte mit Hilfe ihrer Tante Circe den Bruder in eine Falle, in der Absyrtos zu Tode kam. Medea (andere Quellen berichten von Circe) zerteilte danach den Leichnam und warf die Körperteile von Absystides ins Meer, wo sie als Cres, Krk, Lošinj, Dugi, Otok, Susak, Unije und so weiter bis heute als die Absyrtiden zu sehen sind.

Nach dem grausamen Akt widmete sich Circe wieder dem Verwandeln von Männern in Schweine, Esel und ähnliches Getier (was ihr nach Ansicht vieler Frauen nicht allzu schwer gefallen sein dürfte). Jason und Medea wurden von jeder Schuld freigesprochen und widmeten sich der Liebe. Verlassen wir die Mythologie und tun es den beiden gleich, im Zimmer vor dem Balkon der Sinnlichkeit.

Adresse Villa Astra, Ulica Viktora cara Emina 11, 51415 Lovran | **Anfahrt** auf Promenade Lungo Mare, neben Hotel Bristol | **Tipp** Im Frühjahr sollte man sich in Lovran das Spargelfest und im Frühsommer die Kirschentage nicht entgehen lassen; Pflichttermin für alle Genießer ist jedoch die Marunada, das traditionelle Kastanienfest in den letzten beiden Oktoberwochen, denn an den Hängen des Učka gedeihen hervorragende Edelkastanien, die zu Süßspeisen, Pürees, Schnaps und vielen originellen Rezepten verarbeitet werden.

43_Das Mustaćon-Haus

Beschütze uns vor dem Bösen

Die mittelalterlichen Befestigungsanlagen von Lovran, wie die Wehrmauer samt dem mächtigen Wehrturm, sind bis heute teilweise recht gut erhalten. Auch in den peripher gelegenen Häuserblocks lassen sich Reste der alten Stadtmauer erkennen.

Im immer noch mittelalterlich geprägten Stadtkern befindet sich schräg gegenüber der Kirche das sogenannte Mustaćon-Haus. »Lovran wurde jahrhundertelang von den Menschen mit Liebe, vom Stadtturm mit Beständigkeit und vom Mustaćon mit Glauben verteidigt«, besagt eine alte Ortsweisheit. Und das Portal des Mustaćon-Hauses zeigt besagten Mustaćon in Gestalt eines dunkelhäutigen Orientalen mit Vollbart und Turban auf dem Kopf; angeblich stammt das hölzerne Mustaćon-Relief aus der Holzschnitzwerkstatt von Meister Mihovil Zierer aus Rijeka.

Bis ins 19. Jahrhundert hinein hat man im nördlichen Adriabereich vor allem Eingangsportale von Stadthäusern mit derartigen schnurrbärtigen Männern (meist dunkler Hautfarbe) ausgestattet; zuweilen finden sich solche Darstellungen auch auf Brunnen (zum Beispiel in Draguć am Stadtplatz) und anderen wichtigen Bauten. Die Verzierung der Häuser mit derartigen Dekorelementen hatte die Aufgabe, das Haus und seine Bewohner vor allen bösen Mächten zu schützen. Bemerkenswert, dass man die Ansicht vertrat, dass orientalische Männer dunkler Hautfarbe diesen Schutz am besten gewährleisten könnten. Tatsächlich hatte der Ort veritable – und offenbar auch lukrative – Handelsbeziehungen zum Orient. So beschrieb auch der arabische Geograf El Edrisi im 12. Jahrhundert die Stadt Lovran als wichtiges Seefahrts- und Handelszentrum.

Wie im Sprichwort angegeben, sollte der Mustaćon vor bösen Geistern schützen, zum Schutz vor ungebetenen Eindringlingen verließ man sich dann doch lieber auf eine Mauer – und aus diesem Grund hat man zur Sicherheit auch den Wehrturm im Scheitelstein des Portals abgebildet.

Adresse Trg Sv. Jurja 92, 51415 Lovran | **Anfahrt** auf D 66, circa sieben Kilometer südlich von Opatija (das Haus liegt inmitten der Altstadt) | **Tipp** Zwei Häuser weiter vorn wird man über dem Patrizierhaus einen Mustaćon in Form des heiligen Georg sehen; eine etwas kitschige Arbeit aus dem 19. Jahrhundert. In der schräg vis-à-vis befindlichen Georgskirche befindet sich eine interessante Inschrift auf einer glagolitischen Freske, die 1549 von Diakon Marko verfasst wurde: »Es spricht der Tote zum Lebenden: Warum schaust du mich so an, was wunderst du dich, als ob du nicht wüsstest, dass ich gestern genau so war wie du heute. Morgen wirst du so sein wie ich heute.«

44__Die Amphore
Alte Technik, junger Wein

Es geschieht ja mittlerweile wieder immer öfter, dass sich die moderne technokratische Menschheit der alten Werte besinnt. Im Weinbau hat dieses »Zurückdenken« eine wahre Revolution ausgelöst, denn Orangeweine sind der Trend. Marketing muss sein; sagte man früher einfach »Amphorenwein«, so heißt das heute »Orange wine«, weil die Weine angeblich einen orangen Farbton haben. Wir bleiben bei Amphorenwein.

Das Weingut Kabola ist federführend in Sachen Amphorenwein; im November 2010 erhielt der Mavazija Amfora des Weinguts Vina Kabola überraschend 90 Parker-Punkte und erntete Lobeshymnen der Tester. Was bis dato eine Nische für Weinfreaks war, wurde plötzlich salonfähig: Heute gilt Istrien als ein Zentrum dieser archaischen Weinbaumethode. Weinausbau in Amphoren hat eine mehr als 6.000 Jahre alte Geschichte und war in Vergessenheit geraten, bis Historiker in Georgien – der Heimat des Amphorenweins – Winzer orteten, die diesen Stil bis heute praktizieren.

Der Trend, Weine in Amphoren – auch als »Quevri« bezeichnet – auszubauen, hat Ende der 1990er Jahre begonnen und findet heute weltweit Apologeten, meist unter »biodynamischen« Winzern und Bacchanten, die das Besondere lieben. Für Amphorenweine wird das sanft gequetschte Lesegut (meist aus ungeschnittenen Weingärten, »Nullschnittmethode«) samt Kämmen und Schalen in dünnwandige, in die Erde eingelassene Tongefäße gekippt. Hier bleiben Maische und Most sich selbst überlassen. Marino Markežić von Kabola ist begeistert: »Nichts kann den Wein mehr beeinflussen, in völliger Ruhe reift er ganz von allein.«

Der Wein ist vom ersten Schluck an faszinierend: unfassbar aromatisch, ein Wein, der fordert, der den Trinker ganz für sich gewinnen will, wilde Kräuter offenbart, exotische Aromen preisgibt und eine einzigartige Mineralität bietet. Und dieser Meditationswein par excellence ist nichts anderes als Istrien im Glas.

Adresse Vina Kabola, Kanedolo 90, 52462 Momjan | **Anfahrt** auf D 21 in Buje links nach Momjan, circa sechs Kilometer nordöstlich von Buje | **Öffnungszeiten** Mo–Sa 10–20 Uhr | **Tipp** Der Ort Momjan ist überhaupt eine gute Adresse für Genussmenschen, denn von hier stammt auch der bekannte Süßwein Moscato Momjan. Weitere wunderbare Genussadressen sind das Weingut Vinarija Kozlović (www.kozlovic.hr) mit einer interessanten Architektur oder die Konoba Stari Podrum (www.staripodrum.info/de/momjan.html) mit herrlich deftig-uriger Hausmannskost.

45 Der heilige Nepomuk
Was macht ein Böhme in Istrien?

Vom Badeort Mošćenička Draga führt eine Treppe mit gut 700 Stufen durch den wunderschönen Macchienwald hinauf nach Mošćenice; hoch über dem Meer thront der recht gut erhaltene, typisch istrianische Ort auf 173 Meter Seehöhe. Das Stadttor selbst trägt das Habsburger Wappen, nicht von ungefähr: Anfang des 12. Jahrhunderts wurde der Ort Teil des Heiligen Römischen Reiches, ab dem 15. Jahrhundert war Mošćenice – mit vernachlässigbaren venezianischen Unterbrechungen – im Besitz verschiedener österreichischer Familien. Weil die mit den Habsburgern verbündeten Uskoken von hier aus immer wieder auch venezianische Schiffe überfielen, belagerte die Serenissima zwischen 1612 und 1616 mehrfach den Ort – letztlich erfolglos, denn am Ende blieb Mošćenice bei Österreich.

Schräg vis-à-vis vom Stadttor steht vor dem Friedhof die Kirche des heiligen Bartholomäus mit einer charakteristischen Vorhalle, direkt daneben eine Statue des heiligen Nepomuk (Sv. Ivan Nepomuk). Bekanntlich ist Nepomuk ja ein Brückenheiliger, was hier oben obsolet erscheint. Tatsächlich wird man dem heiligen Nepomuk in mehreren Regionen und Städten Istriens begegnen, beispielsweise in Pićan (siehe Seite 118), Gračišće (siehe Seite 62) oder auch Tinjan (siehe Seite 194). Zumeist wird er – wie in diesem Fall – mit dem Finger am Mund abgebildet, als Zeichen seiner Verschwiegenheit, denn er ist Schutzheiliger aller Priester und des Beichtgeheimnisses.

Nach 1750 erlangte der Schutzheilige wahren Kultstatus, was dazu führte, dass nicht nur in seiner böhmischen Heimat, sondern in allen Ländern der Habsburgermonarchie ein wahrer Nepomukkult ausbrach. Obwohl nicht offiziell installiert und bestätigt, wurde Nepomuk in der Barockzeit so etwas wie ein Staatsheiliger des gesamten Reiches – und das mit schier unglaublicher Popularität. Das erklärt, warum auch hier in Mošćenice eine Nepomuk-Statue zu finden ist.

Adresse Trg Mošćenice, Piazza, 51417 Mošćenice | **Anfahrt** auf D 66 Plomin Richtung Opatija, circa 18 Kilometer von Plomin entfernt | **Tipp** Das ehemalige mittelalterliche Kastell Mošćenice wird von einer interessanten Stadtmauer umgeben, denn die Außenwände der äußeren Häuserreihe wurden so gebaut, dass sie die Mauer ersetzen. Direkt vor dem Tor befindet sich die Stadtloggia, in deren Sockelsteine ein altes Mühlespiel (*trilja* genannt) eingemeißelt ist.

46___Das Fresko Veli Jože

Die Städte der Riesen

Motovun erhebt sich im mittleren Tal der Mirna und ist aus der Entfernung betrachtet am schönsten. Der Ort mit seinem mittelalterlichen Ortskern quillt zur Hochsaison förmlich über mit Menschen, die auf der begehbaren Stadtmauer rund um Motovun die Aussicht ins weite Tal genießen wollen. Das »Motovun Filmfestival« sowie die »Trüffelwochen« sorgen für zusätzliche Besucherströme.

Motovun ist seit frühgeschichtlicher Zeit besiedelt. Um das Jahr 700 kamen von Osten die slawischen Einwanderer aus den Bergen der Ćićarija hinunter ins Tal der Mirna. Man kann sich bildlich vorstellen, wie beeindruckend die mächtigen Steinbauten der alten Stadtburgen und römischen Kastelle für sie gewesen sein müssen. Für sie unvorstellbar, dass dies von Menschen gebaut worden ist – das mussten sagenhafte Riesen erschaffen haben: »Vor sehr langer Zeit lebten im Mirnatal Riesen. ... Auf den Hügeln zu beiden Seiten des tiefen Tals (der Mirna) begannen die Riesen die Städte zu bauen: Motovun, Oprtalj, Grožnjan, Sovinjak, Vrh, Buzet, Roč und Buje. Die Riesen waren so groß, dass sie sich Werkzeuge und Baumaterial von einem Hügel zum anderen reichen konnten. Als sie fertig waren, blieben noch ein paar Steine übrig, aus denen entstand etwas abseits Hum.«

Dank des Schriftstellers Vladimir Nazor und dem Werk »Veli Jože« ist die Legende um die Riesen erhalten, wenngleich es in der Novelle nicht um den Städtebau geht, sondern um ein allegorisches Bild des kroatischen Istrien, das mit riesiger Kraft und Stärke auch die schlimmsten Qualen und Erniedrigungen erduldete. Die Riesenlegende lebt bis heute weiter und gibt den Menschen Kraft und Mut: Auf einem Fresko einer Hauswand am Ende der Stadtmauer ist ein Riese mit einer ausgerissenen Eiche abgebildet, dessen Krone er wie einen Besen zu benutzen scheint; was oder wen er von den Stadtmauern fegen möchte, bleibt der persönlichen Interpretation überlassen.

Adresse Mure 4, 52424 Motovun | **Anfahrt** durch das Stadttor gehen, rechts abbiegen, das Fresko ist an der Seitenwand des letzten Hauses auf der rechten Seite | **Öffnungszeiten** das ganze Jahr über zu besichtigen | **Tipp** Das Fresko kann auch als Mahnmal verstanden werden, denn die Wälder rund um Motovun sind reich an Eichen, jedoch seit jeher von Abholzung bedroht. Ohne die umsichtige Verwaltung des Forstingenieurs Josef Ressel, der 1821 in Triest zum Marineforstintendanten berufen wurde, wären die Eichenwälder heute gar nicht mehr vorhanden. Doch Anerkennung erfuhr er dafür genauso wenig wie für die Tatsache, 1812 die Schiffsschraube erfunden zu haben. In Motovun hängt ihm zu Ehren immerhin eine Gedenktafel (Gradiziol 50).

47 Die Torbögen
Vergessene Renaissance

Mutvoran liegt eingebettet in grüne Wiesen, Wälder und eine sanfte, typisch süd-istrische Naturlandschaft. Der nur aus wenigen Häusern bestehende Weiler wirkt verlassen und würde wahrscheinlich vollkommen in Vergessenheit geraten, stünde er nicht auf historischem Boden: Es wird vermutet, dass sich unter den Resten der mittelalterlichen Befestigungsanlagen die Zyklopenmauern einer der geheimnisvollen illyrischen Städte – der Vermutung nach Faveria oder Mutila – verbergen.

Man darf sich vom ersten – zugegebenermaßen nur wenig aufregenden – Eindruck Mutvorans nicht in die Irre führen lassen. Wer hierherkommt, wird zunächst einmal die überdimensioniert wirkende Stadtbefestigung wahrnehmen. Der Zugang zur Stadt erfolgt über drei Tore, die noch heute erhalten sind. Interessant ist, dass die Stadtmauern im Laufe der Zeit in verschiedene Häuser der Stadt integriert worden sind – somit wurden die Häuser selbst zum Teil der Befestigungsanlage.

Mutvoran wird gern als die Stadt im Zeichen der Renaissance bezeichnet. Tatsächlich verfügt der Ort über ein seltenes, in sich geschlossenes Stadtbild, das bis heute von – mehr oder weniger eindrucksvollen, jedoch teilweise gut erhaltenen – Renaissancebauten bestimmt wird. Bemerkenswert ist dabei nicht allein die Tatsache, dass so viele Häuser Merkmale der Renaissance aufweisen, sondern dass fast alle Gebäude sorgfältig aus Stein gebaut worden sind. Eine Besichtigung des Ensembles ist für Architekturinteressierte jedenfalls lohnend.

Hatte der Ort noch zur Zeit der Venezianer eine gewisse strategische Bedeutung, weil man von hier die West-Ost-Verbindung von Pula ausgehend kontrollieren konnte, so verlor Mutvoran nach dem Zweiten Weltkrieg fast seine gesamte Bevölkerung, denn die war großteils italienisch und wanderte ab. Von diesem Aderlass hat sich der Ort nie wieder erholt und gerät leider mehr und mehr in Vergessenheit.

Adresse Mutvoran (52208 Krnica), die Torbögen befinden sich direkt am Ortseingang |
Anfahrt auf D 66 Pula Richtung Labin, im Ort Marčana rechts Richtung Duga Uvala
biegen, dann links nach Mutvoran | **Tipp** Das bedeutendste Bauwerk Mutvorans ist die
Kirche der heiligen Maria Magdalena, deren Ursprünge aus dem 5. Jahrhundert stammen.
Der alte Kirchenbau wurde 1132 zerstört. Eine Restaurierung erfolgte 1622 und bestimmt
das äußere Erscheinungsbild.

48 Der Bambus

Blutbad in versteckter Villa

Bei einem Spaziergang über den Lungomare von Opatija vom Hotel Miramar ausgehend in Richtung Volosko wird man in der Bucht von Lipovica ein ungewöhnliches Bambus-Wäldchen erblicken, das von einem gewissen Hrn. Baron Eugen von Ransonnet-Villez (1838–1926) angelegt wurde.

Der eigensinnige Baron muss ein wahres Multitalent gewesen sein, denn er war nicht nur österreichischer Diplomat, sondern auch Maler, Lithograf, Biologe, Forschungsreisender und Erfinder – eine seiner wichtigsten Erfindungen war eine spezielle Taucherglocke zum Anfertigen von Unterwasserskizzen. Im Zuge seiner Forschungen entdeckte er übrigens auch die Blaue Grotte (von Biševo) in Dalmatien. Am Lungomare besaß der Eigenbrötler die Villa Ransonnet, vor der er jenen Bambushain anlegte, um von Lärm und Blicken verschont ungestört arbeiten zu können. Nach dem Verkauf kam die Villa in den Besitz eines gewissen Konsuls Leo Kremesek, von dem nicht viel mehr bekannt ist als die Tatsache, dass er ein wahrer Schürzenjäger gewesen sein soll, zudem ein eingefleischter Junggeselle.

Beide Umstände zusammengenommen, sollten ihm eines Tages in seiner neuen Villa – nunmehr das Anwesen »Kremsek« – zum Verhängnis werden, als er eines Tages seiner (dem Vernehmen nach äußerst attraktiven) kroatischen Haushälterin nachstellte. Diese ließ ihn im Glauben, geehelicht zu werden, zunächst auch munter gewähren, doch als sie feststellen musste, dass der gute Mann nur mit ihr »Liebe machen wollte«, aber keineswegs vorhatte, die Beziehung zu legitimieren, fasste die hitzköpfige Dame den Entschluss, blutige Rache zu üben, und entmannte den armen Konsul kurzerhand während eines Liebesaktes – eine Überlieferung erzählt von einer Messerattacke, eine andere spricht gar von »abbeißen« und »zerfleischen«. In jedem Fall wird die Dame mit dieser doch sehr drakonischen »Strafe« ein wahres Blutbad angerichtet haben …

Adresse Obalno šetalište Franza Josefa, 51410 Opatija, in der Bucht Lipovica | **Anfahrt** auf die Promenade Lungo Mare, zu Fuß in Richtung Volosko | **Öffnungszeiten** das ganze Jahr über zu besichtigen | **Tipp** Auch die etwas weiter vorn in Richtung Hotel Miramar gelegene Villa Rosalia war »schalldicht«, denn sie gehörte dem Geiger Julius Kubelik, der aufgrund seines virtuosen Spiels mit Paganini verglichen wurde. Kubelik ließ in seinem Haus schalldichte Isolationen einbauen, damit er ungestört musizieren konnte und vom Lärm seiner Kinder verschont blieb.

49_Der Kamelienbrunnen
Florale Hommage an Opatija

Die Initialzündung zum Tourismus in Opatija gab der aus Rijeka stammende Kaufmann Iginio Scarpa (1794–1866), der 1844 die gesamte Halbinsel mit dem heutigen Angiolina-Park erstand. Er renovierte das einst schmucklose Anwesen und taufte es auf den Namen seiner Frau Villa Angiolina. Die Lieblingsblume der früh verstorbenen Gattin war die Kamelie, zum Gedenken an sie importierte Scarpa die Blume aus Japan und ließ sie im Park rund um die Villa kultivieren. Das milde Klima Opatijas ließ den fernöstlichen Strauch gut gedeihen, und so wurde die Kamelie zum floralen Symbol Opatijas und blüht auch im Garten des Hotels Miramar.

2007 wurde der Wasserbildhauer Professor Hans Muhr – ein langjähriger Weggefährte von Friedensreich Hundertwasser – mit dem Bau des Brunnens beauftragt, der eine Hommage an diese Kamelie sein sollte. Nach über einem Jahr kreativen Arbeitens ging es an die Umsetzung: fünf Ateliermitarbeiter, zwei Bildhauer und ein Spezialist für Technik- und Lichteffekte arbeiteten drei Monate am Brunnen. Mit den 15 Tonnen schweren behauenen Steinelementen war ein 25 Meter langer Sattelschlepper drei Tage von Wien nach Opatija unterwegs, wo die Teile auf Lkws umgeladen wurden, um nun auf dem Platz vor dem Hotelgarten zusammengesetzt zu werden und das neue Wahrzeichen von Miramar zu bilden.

Das Zentralobjekt des Brunnens ist die drei Tonnen schwere Kamelienblüte, die aus einem einzigen Block rosafarbenen Sölker Marmor Typ Buntkristall gearbeitet wurde. Rundherum ergießen sich vier Wasserfontänen aus den symbolischen Kamelienfrüchten, welche aus silbriggrünem-weißrosa Sölker Marmor bestehen. Die Blätter wurden aus grünem Serpentinit gefertigt, am Brunnenboden glitzert Gneis mit Glimmer, und die Fläche rundherum wird von Waldviertler Buntstein bedeckt. Die österreichischen Steine sollen die enge Verbindung des Landes mit der Opatija-Riviera symbolisieren.

Adresse Ive Kaline 11, 51410 Opatija, www.hotel-miramar.info | **Anfahrt** auf der D 66 nach Opatija, das Miramar liegt in Ufernähe | **Tipp** 2009 wurde die Anlage um das Europator erweitert: mit 27 Steinen aus den EU-Mitgliedsstaaten und dem 28. Stein aus Kroatien, und spannt so einen Bogen zwischen Geschichte und Zukunft.

50 Der Portić

Von der Hand in den Mund leben

Der kleine Hafen von Opatija wird im lokalen Dialekt als Portić bezeichnet; es handelte sich hierbei um eine Anlegestelle für die Boote der Barkajoli, die so etwas wie Tagelöhner des Meeres waren.

Der Portić ist der traditionelle Ausgangspunkt für die Ausflugsboote, mit denen im 19. Jahrhundert die frühen Badegäste Opatijas aufs Meer hinausfuhren. Diese kleinen Holzboote wurden von den Barkajoli gesteuert und konnten tageweise angemietet werden. Früher gab es sogar spezielle Werften, in denen diese kleinen, ursprünglich sehr rustikalen Boote hergestellt wurden; im Laufe der Zeit wurden sie aber immer bequemer und schöner, manche hatten sogar mit Kissen ausgelegte Sitzbänke und gepolsterte Rückenlehnen.

Auch der Service musste mit der Zeit gehen und wurde immer besser. So waren die Barkajoli nicht selten gleich mehrerer Sprachen mächtig. Es waren typische Dienstboten, die für die meist verwöhnte Sommerfrische-Klientel immer zur Verfügung stehen mussten – nicht nur als Bootsmann, sondern auch als Kofferträger, Alleinunterhalter oder Reiseführer. Die Barkajoli, welche früher mit Ruderbooten, später auch mit kleinen Motorbooten die Badegäste durch die Gewässer entlang der Riviera oder zu abgelegenen Inseln schipperten, sind ein prägendes Bild für Opatija, und ihr Ausruf »Barke fahren« ist als geflügeltes Wort in den Sprachgebrauch der Region übernommen worden.

Das Denkmal des Barkajol von Opatija sollte eigentlich dazu dienen, die Erinnerung an die Tradition dieser Tagelöhner des Meeres wachzuhalten – doch die meisten Menschen gehen achtlos an der Statue mit der ausgestreckten Hand vorbei. Genauso achtlos wird mit den legitimen Nachfahren der Barkajoli, nämlich den »Taxi Booten«, umgegangen; dem Vernehmen nach leben die meisten von der sprichwörtlichen Hand in den Mund, auch weil das Trinkgeld, ihre Haupteinnahmequelle, immer mehr versickert.

Adresse Obalno šetalište Franza Josefa, 51410 Opatija | **Anfahrt** an der Promenade Lungo Mare in Opatija, unweit der berühmten Statue »Das Mädchen und die Möwe« | **Tipp** Neben den kleinen hölzernen Ausflugsbooten gibt es auch noch typische kleine Fischerboote, die Batana genannt werden – wer sich dafür interessiert, der sollte dem Batanamuseum in Rovinj (Adresse Obala Pina Budičina 2, 52210 Rovinj) einen Besuch abstatten.

51 Linas Nudelwerkstatt

Wo Istarski Fuži in Handarbeit entstehen

Auch in Istrien wird gern Pasta gegessen: Pljukanci (istrische Wutzinudel), Njoki (Gnocchi) und Fuži sind die Hauptsorten, die bis heute in fast allen Lokalen und Privathaushalten selbst hergestellt werden; meist sind hierfür die Großmütter zuständig. Getrocknete Fertigpasta wird in Istrien als touristisches Mitbringsel angesehen. Restaurants mit großem Bedarf an frischer Pasta beziehen diese bei speziellen Pasta-Meisterinnen. All das ist umso bemerkenswerter, wenn man erkennt, wie aufwendig die Zubereitung dieser *pasta fatta in casa* ist.

Während eingefleischte Traditionalisten darauf schwören, dass der Teig für Fuži nur gut wird, wenn er von zarten Damenhänden 20 bis 30 Minuten ordentlich durchgewalkt wurde, so sehen die Meisterinnen eine Knetmaschine nicht als Häresie an, insbesondere dann, wenn aufgrund zahlreicher Restaurant-Kunden täglich viele Kilogramm Teig hergestellt werden müssen. Doch wenn Fuži für die Familie gemacht werden, dann kommt auch bei ihnen bis heute keine Maschine an den Teig – gewisse Unterschiede müssen sein.

Die »Domaća tjestenina Lina« liegt versteckt in der malerischen Hügellandschaft des nördlichen Istrien und ist eine dieser häuslichen Werkstätten. Für die Fuži nimmt Lina ausschließlich Eier vom eigenen Hof, die weiteren Zutaten wie Malvasia-Wein, Olivenöl und Mehl kommen von Freunden aus der Umgebung. Für die Fuži wird zunächst ein fester Pastateig hergestellt und dieser anschließend dünn ausgewalkt und in gleichmäßige Rechtecke von drei mal vier Zentimeter Kantenlänge geschnitten. Diese Fleckerln rollt Lina mit Hilfe eines Holzstäbchens – Stück für Stück einzeln per Hand (!) – diagonal zusammen und formt so die Fuži. Gekochte Fuži isst man mit Trüffel, Wildspargel, Pršut, Meeresfrüchten und vielem mehr – im Wissen um die Arbeit, die sich dahinter verbirgt, leider nur viel zu selten mit dem gebotenen Respekt.

Adresse Domaća tjestenina »Lina«, Škofi 34, 52428 Oprtalj, Tel. +385/52644104 | **Anfahrt** Die Manufaktur von Lina liegt außerhalb der eigentlichen Ortschaft, der Weg ist beschildert – trotzdem lohnt es sich, Ortskundige zu fragen oder anzurufen. | **Öffnungszeiten** nur nach telefonischer Anmeldung (Lina spricht Kroatisch und Italienisch), um sicherzugehen, dass sie Zeit hat | **Tipp** Sehenswert sind im malerisch gelegenen Ort Oprtalj – dessen Umgebung unweigerlich an die Toskana erinnert – vor allem der Dom St. Georg (Sv. Jurja), dessen Grundlage frühchristliche Anlagen aus dem 6. Jahrhundert sind, und die interessante, weil mit Steinmaterial aus den unterschiedlichsten Epochen erbaute Loggia aus dem 16. Jahrhundert gegenüber dem Torbau.

52__Die Bocciabahn
Spuren italienischer Vergangenheit

Oslići ist etwas, das man mit Fug und Recht als »verschlafenes Nest« bezeichnen kann; angesichts der Abgeschiedenheit wird man umso erstaunter sein, wenn man die recht moderne und professionell wirkende Bocciabahn am Ortsrand ausmacht, die allen Anforderungen für Turniere entspricht und sogar Tribünen für Zuschauer bietet.

Boccia ist in den nördlichen Breiten eher als Strandspiel bekannt. In Italien ist Boccia bis heute Volkssport und wird in eigens dafür eingerichteten Hallen oder »Stadien« gespielt. Zum Breitensport wurde Boccia in Italien, weil es die Passion von Giuseppe Garibaldi war, dem bekannten Protagonisten des Risorgimento, der italienischen Einheitsbewegung zwischen 1820 und 1870. Istrien ist traditionell stark von Italien geprägt – so war im 19. Jahrhundert die »lingua franca« von Handel, Verwaltung und öffentlichem Leben Italienisch.

Nach dem Ersten Weltkrieg und dem Zerfall der Donaumonarchie kam Istrien im Jahre 1918 zunächst zum Königreich Serbien, Kroatien & Slowenien; nach dem Vertrag von Rapallo wurde es 1920 dem Königreich Italien zugesprochen. Viele Italiener zogen daraufhin hierher und brachten ihre Kultur ein – in der istrischen Küche ist der Einfluss besonders deutlich, aber eben auch bei Freizeitbeschäftigungen wie Boccia. Nach dem Zweiten Weltkrieg wanderten die meisten italienischstämmigen Einwohner aus Istrien ab; doch geblieben sind ihre Küche, Bräuche und die Bocciabahnen!

Das Bocciaspiel wurde später auch von den Kommunisten gefördert – sie sahen darin eine Möglichkeit für Gemeinschaft und Zusammenhalt. Noch vor 30 Jahren konnte man in fast allen istrischen Ortschaften solche Bocciabahnen antreffen, doch die meisten Bahnen verwahrlosen zusehends – die Jugend wandert ab oder spielt nicht mehr Boccia, womit das Spiel heute in den Hintergrund gerät und man nur mehr selten auf so gepflegte Bahnen trifft wie hier.

Adresse Oslići b.b., Oslići (52402 Cerovlje) | **Anfahrt** auf der Landstraße von Buzet nach Cerovlje, circa elf Kilometer südlich von Buzet, direkt neben der Hauptstraße | **Tipp** Wenn man schon in dieser abgeschiedenen Gegend weilt, dann empfiehlt sich ein Abstecher zum Butoniga-Stausee, dem größten Trinkwasser-Reservoir von Istrien.

53__Der Flying Fox
Sagenhafter Nervenkitzel

Von der Fußgängerbrücke, die sich etwa 100 Meter vom Burgtor des Paziner Kastells über das tief unter ihr plätschernde Flüsschen Pazinčica spannt, hat man einen schier atemberaubenden Blick auf die Paziner Steilfelsen, an deren Rand das Kastell errichtet wurde. Hinter der Brücke kann man einen Steig hinabgehen, um der Schlucht auf den Grund zu gehen. Der Weg endet bei einem Ponor, in diesem verschwindet das Wasser in der Doline Pazinska Jama und fließt in einem unterirdischen Höhlensystem weiter. Der Einbruch ist 130 Meter tief und hat einen ebensolchen Durchmesser. Da der Kessel dicht bewachsen ist, kann man seine wahre Tiefe von oben eigentlich nur erahnen; dank seiner Einmaligkeit wurde dieser Karstkessel zum Naturschutzgebiet erklärt.

Das eindrucksvolle Phänomen des in der Höhle verschwindenden Bächleins soll im 14. Jahrhundert Dante Alighieri (siehe Seite 16) inspiriert haben; als furchteinflößender Vorhof der Hölle soll die Schlucht in seine »Göttliche Komödie« Einzug gehalten haben. Tatsächlich ist bis heute nicht gesichert, ob Dante die Schlucht jemals mit eigenen Augen gesehen hat.

Der französische Schriftsteller Jules Verne wählte allerdings tatsächlich Pazin als Schauplatz für seinen Roman »Mathias Sandorf«. Der Ungar Graf Sandorf aus Triest bereitet einen Aufstand der Ungarn gegen die Besatzungsmacht Österreich vor, wird aber verraten, zum Tode verurteilt und in der Burg von Pazin eingekerkert. Ihm gelingt auf wundersame Weise die Flucht, er stürzt sich in die Fluten des Hochwasser führenden Flusses und kommt an einem Baumstamm geklammert unten beim Limski fjord wieder ans Tageslicht. Auch Jules Verne hat die Schlucht nie mit eigenen Augen gesehen, sondern kannte sie nur von einem Foto.

Wer möchte, kann heute mit einem »Flying Fox« über die »sagenhafte« Schlucht hinweggleiten und bei seinem Flug einen ebensolchen Nervenkitzel erleben.

Adresse Flying Fox, Ulica Šime Kurelića 4, 52000 Pazin (neben Motel Lovac) | **Anfahrt** auf Ž 5190 Richtung Pazin | **Öffnungszeiten** von 1. Mai–30. Sept. 10–18 Uhr, Rest des Jahres nach Anmeldung unter Tel. +3859/11683126 | **Tipp** Etwas außerhalb von Pazin, nördlich in Richtung Učka fahrend, findet man am Ortsende (10 Meter nach dem Ortsschild von Pazin kommend links in den Feldweg abbiegen) ein weiteres spektakuläres Naturphänomen: Das Flüsschen Pazinčica wird hier – vor allem nach Regenfällen – zu einem beachtlich breiten Strom. Der Fluss fällt hier regelrecht über eine Felskante und bildet auf der gesamten Breite einen Wasserfall namens Zerečki Krov. Die Stelle ist nicht einfach zu finden, daher am besten einen Ortskundigen fragen.

54__Die Schäfertracht
Heute Karnevalskostüm

Pazin liegt am Kreuzknotenpunkt aller alten istrischen Wege und wurde daher von den deutschen Landgrafen Mitterburg genannt. 1374 kam die Grafschaft über den Erbweg an die Habsburger, die sich Istrien über vier Jahrhunderte mit den Venezianern teilten; in diesen Wirren wechselten die Besitzverhältnisse mehr als 20 Mal. Im 17. Jahrhundert nutzten die Habsburger den Aufstand der Uskoken aus Senj, um gegen die Venezianer zu ziehen, doch der Feldzug stand unter dem Motto »außer Spesen nichts gewesen«. Um die Schulden zu begleichen, sollte die Grafschaft an die Venezianer verkauft werden, doch diesen war sie zu teuer. So blieb Pazin die südlichste Stadt im Heiligen Römischen Reich.

Das Wahrzeichen der Stadt ist das an den Klippen der Paziner Schlucht (siehe Seite 114) errichtete Kastell. Es ist eine sogenannte Vierflügelanlage mit einem großen Innenhof und die sowohl größte als auch besterhaltene Burg Istriens. Die Räume beherbergen das Ethnografische Museum, in dem Gegenstände aus dem Alltagsleben ausgestellt sind; neben Küchengeräten, Handwerkszeug und Blasinstrumenten auch verschiedene Trachten.

Besonders bunt gestaltet ist die Tracht des Pusti, zu der auch eine auffallende Fellmütze (aus Kaninchen, Fuchs oder Marder) gehört; sie stammt aus Sovinjak und wurde von unverheirateten Männern zur Zeit des Karnevals angezogen – die Männer zogen damit durch die Dörfer, schmissen sich vor die Füße der Frauen und überdeckten sie mit zotigen Witzen. Links daneben steht ein Modell der Tracht der Ovčari, eine Schäfertracht aus dem Ort Katun Lindarski. Sie besteht aus einem hellen Hemd, einer Hose aus Leinen, einer Weste aus Schafsfell, dazu Accessoires wie Klingel, Hut mit Kuhhörnern sowie ein Holzstock – auch diese Tracht wird heutzutage nur mehr zum Karneval getragen, wobei sich die Träger bemalen, um unerkannt ihren erotisch motivierten Unfug treiben zu können.

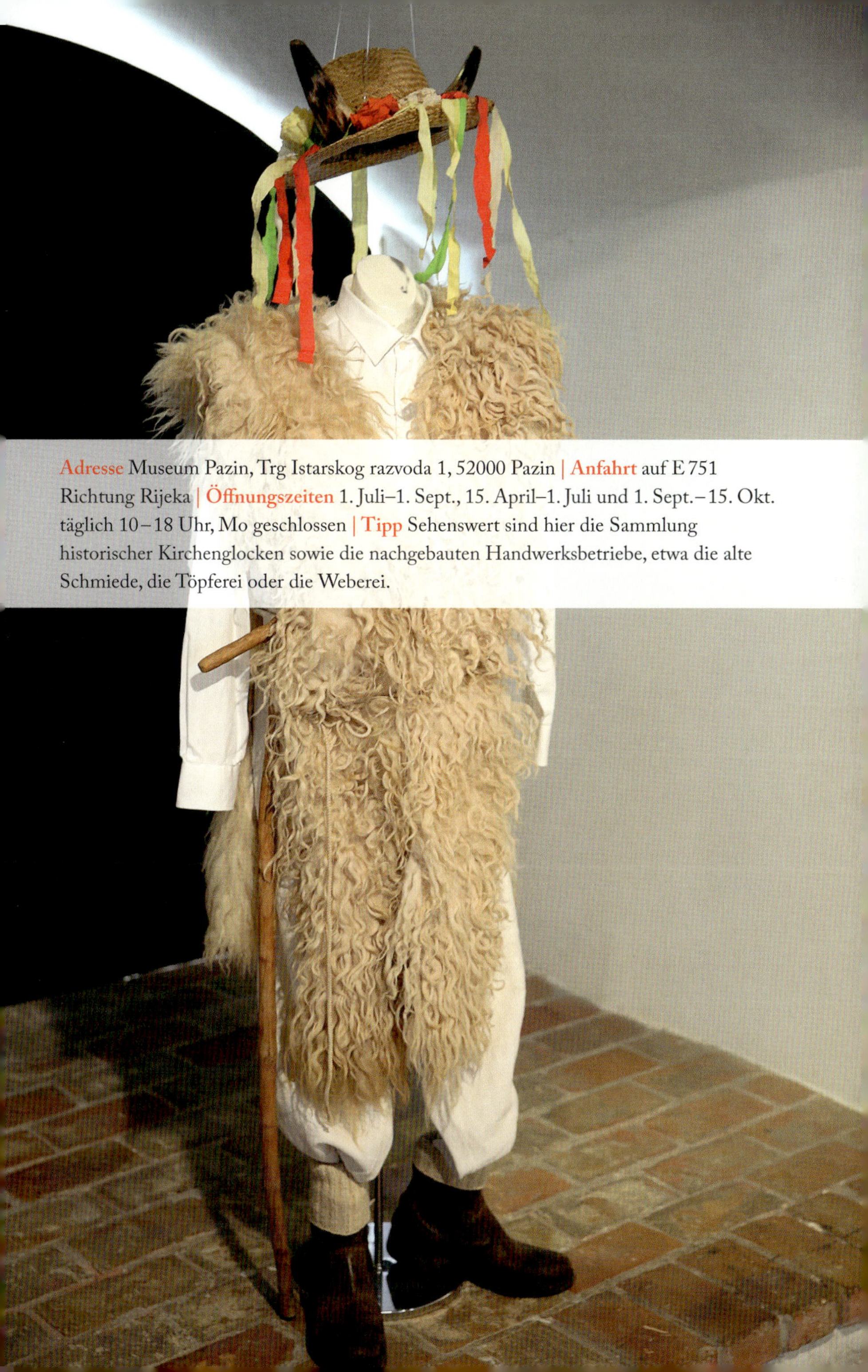

Adresse Museum Pazin, Trg Istarskog razvoda 1, 52000 Pazin | **Anfahrt** auf E 751 Richtung Rijeka | **Öffnungszeiten** 1. Juli–1. Sept., 15. April–1. Juli und 1. Sept.–15. Okt. täglich 10–18 Uhr, Mo geschlossen | **Tipp** Sehenswert sind hier die Sammlung historischer Kirchenglocken sowie die nachgebauten Handwerksbetriebe, etwa die alte Schmiede, die Töpferei oder die Weberei.

55 Der heilige Nikephoros
Zur Sicherheit gleich zwei

Durch das mit einer »Pechnase« versehene Stadttor gelangt man in die Stadt Pićan, wo man die barocke Mariä-Himmelfahrt-Kirche aufsuchen sollte – denn hier kommt man einer, besser zwei Legenden näher. In der Kathedrale befindet sich über dem Nikephoros-Altar ein interessantes Bild. Auf dem Bild ist links der Märtyrer Nikephoros abgebildet (mit einem Stadtmodell von Pićan) und rechts davon der Bischof Nikephoros – von der Spätantike bis zur Aufhebung durch Kaiser Joseph II. 1788 war Pićan eine Diözese. Mit der Gründung dieser Diözese sind zwei Legenden verbunden.

Die Märtyrerlegende besagt, dass an der Stelle, wo die leiblichen Überreste des heiligen Nikephoros (er stammt aus Antiochia in Syrien) letztlich landen würden, dem Heiligen eine Kirche geweiht werden soll; das war angeblich bereits zu Zeiten Konstantins. Sein Leichnam kam zuerst auf ein Schiff, dann wurde er auf ein Pferd umgeladen, das dort stehen geblieben ist, wo heute Pićan steht.

Die andere, zweite Version hängt mit dem Bischof Nikephoros zusammen, der als Gründer der Diözese Pićan gilt. Der Bischof soll ein unmoralisches Verhältnis mit seinen beiden Nichten gehabt haben, das die Pićaner dem Papst melden wollten. Der Bischof bot an, dass, wenn die Pićaner von einer Anzeige Abstand nehmen würden, er mit einem Stockschlag eine neue Quelle erschließen und den unfruchtbaren Boden rund um Pićan zum Leben erwecken würde. Das lehnten die Bürger ab, weil sie der Ansicht waren, dass ihr Boden gut für den Wein wäre. Auf dem Weg nach Rom verfluchte der Bischof die Bürger, auf dass sie durch Gottes Willen fortan barfuß in Dornen tanzen müssten – bis heute ist der Spitzname der Pićaner »Dornentänzer«.

Die Bischöfe von Pićan versuchten vergeblich, die beiden Legenden zu legitimieren oder auszuschließen. Daher entschloss man sich kurzerhand, beide Patrone zu behalten und doppelten Schutz zu genießen.

Adresse Kirche Mariä Himmelfahrt, 52234 Pićan, durch das alte Stadttor, nach circa 20 Metern auf der rechten Seite | **Anfahrt** auf Landstraße D 64 von Pazin nach Pićan, circa zwölf Kilometer südöstlich von Pićan | **Öffnungszeiten** meistens geöffnet; wenn die Kirche geschlossen ist, gegenüber im Pfarrheim an der Tür klopfen | **Tipp** Eine Hand-Reliquie des Märtyrers befindet sich – seinem Wunsch entsprechend – in Pićan, der Rest von seinem Körper in Umag. Nur zwölf Pfarren und einige Filialkirchen gehörten zu diesem winzigen Bistum, das die vermutlich kleinste und ärmste Diözese der Welt war – zudem war der mit Dornen und Akazien überwucherte Boden nicht fruchtbar und außer für Wein nicht zu gebrauchen; es ist vorstellbar, dass der (noch erhaltene) Zehentstein in manchen Jahren nicht zur Verwendung kommen konnte. Aber es ist aufgrund des guten Weins auch vorstellbar, dass das seit der Römerzeit besiedelte Pićan jener Ort namens Pucinium war, den Plinius wegen seiner legendären Weine lobte (siehe Seite 184).

MDCCLXXIV

56 Der heilige Georg

Eigentlich Silvanus

Inmitten des mittelalterlichen Ortes Plomin befindet sich die in vielerlei Hinsicht interessante Kirche des heiligen Georg, deren Ursprünge auf das 11. Jahrhundert zurückgehen. Ihren Namen hat sie von einer vermeintlichen Darstellung des heiligen Georg, die an der Außenmauer der Kirche zu sehen ist; ein Duplikat des interessanten Reliefs befindet sich in der Kirche selbst. Dieses Relief ist deshalb so bedeutend, weil es die älteste bekannte glagolitische Inschrift trägt, die aus dem 11. Jahrhundert stammt und lautet: »Se je pis'l …« (Dies schrieb). Die Inschrift befindet sich auf ebenjenem Relief, das eine provinziell und naiv dargestellte Figur mit Zweig darstellt. Dem Vernehmen nach soll die Figur den heiligen Georg darstellen, nach dem auch die Kirche benannt ist.

Tatsächlich handelt es sich aber um den römischen Gott Silvanus, der an dieser Stelle nur überlebte, weil man die Darstellung als heiligen Georg interpretierte. Zu dieser gar nicht so seltsamen Verwechslung kam es, weil eines der markantesten Merkmale des Silvanus – nämlich die in Fellstiefeln steckenden Beine – nicht zu sehen sind. Das Relief stellt lediglich einen Männerrumpf mit Zweig dar, das vielleicht markanteste Merkmal dafür, dass es sich um Silvanus (weil dieser meist als Attribut einen Zypressenzweig hält) und nicht um den heiligen Georg (mit Lanze als Attribut) handelt.

Vielleicht war das mit dem Georg gar keine Fehlinterpretation. Mit dieser offiziellen Georgsversion vor der Amtskirche hätte man heimlich den römischen Silvanus-Kult (ursprünglich als Schutzgottheit über Haus, Hof und fruchtbares Land ausschließlich im häuslichen Rahmen praktiziert) zumindest inoffiziell beibehalten können. Für diese Theorie spricht immerhin die Tatsache, dass es bei näherer Betrachtung so scheint, als ob das Relief unten abgeschnitten wurde – vielleicht hat man die Füße in den verräterischen Fellstiefeln gar nicht unabsichtlich entfernt, um so der Amtskirche den Silvanuns als Georg »verkaufen« zu können.

Adresse an der Außenmauer der Kirche des heiligen Georg in der Altstadt, 52234 Plomin | **Anfahrt** auf D 66 von Labin Richtung Rijeka, circa zwölf Kilometer nordöstlich von Labin | **Tipp** Im Inneren der Kirche befindet sich zudem ein sehr schöner, aufwendig geschnitzter und bunt bemalter Altar, auf dem eine auf dem Pferd sitzende Georgsfigur mit Lanze und Drachen auszumachen ist. Weiter sind die zahlreichen geschnitzten Heiligenfiguren (unter anderem die heilige Barbara) sehenswert.

57 Der Kanal
Und ein verschwundener See

Kurz nach der Ortschaft von Plomin, in Richtung Rijeka fahrend, wird man eine kleine Aussichtsplattform ausmachen. Von hier aus hat man eine gute Sicht auf das gegenüberliegende Kohlekraftwerk, das wegen seines außergewöhnlich hohen Kamins auffällt. Früher wurde hier die einheimische Kohle von Raša (siehe Seite 158) zur Gewinnung von Strom verwendet, heute geschieht dies mit Hilfe von Importkohle, die auf der gut sichtbaren Verladestelle angelandet wird.

Viel interessanter ist aber die Geschichte rund um den Plomin-Kanal, denn dieser diente dazu, einen ganzen See auszulassen. Noch auf Landkarten aus dem frühen 20. Jahrhundert ist nördlich des Kanals ein See namens Čepić eingezeichnet. Es war ein besonders flacher See, kaum tiefer als zwei Meter. Der See entstand auf einer sogenannten Polje, einer großflächigen, leicht geneigten Karstbildung. Durch Sedimentablagerungen des Flüsschens Boljunčica entstand eine natürliche Stauung, und der seichte See konnte sich bilden. Vor allem Aale und Stechmücken fühlten sich dem Vernehmen nach hier sehr wohl – kein Wunder, dass Malaria sich ausbreitete.

1925 fiel der endgültige Beschluss, den See trockenzulegen, vor allem, weil das faschistische Italien damit fruchtbare Ackerböden zu gewinnen suchte; 1928 wurde mit den Arbeiten begonnen. Mehr als 250 Arbeiter gruben unter dem Hügel Kršan einen mehr als drei Meter breiten und mehr als 4,5 Kilometer langen Ableitungstunnel, der in den Plomin-Kanal mündete. Am 11. Dezember 1932 wurde unter Anwesenheit von Menschenmassen und Politikprominenz eine letzte verbliebene Barriere gesprengt. Die Wassermassen ergossen sich in den Tunnel und erreichten kaum 30 Minuten später den Plomin-Kanal. Nach nicht einmal einem Monat war der See verschwunden. Kurze Zeit später wollten die Faschisten entlang des Boljunčica Reisfelder anlegen, ein leider erfolgloses Unterfangen.

Adresse Plomin b.b., 52234 Plomin, die Aussichtsplattform liegt etwas außerhalb des Ortes in Richtung Flanona-Hotel | **Anfahrt** auf D66 von Labin Richtung Rijeka, circa zwölf Kilometer nordöstlich von Labin | **Öffnungszeiten** das ganze Jahr über zu besichtigen | **Tipp** Unter Flanona, dem alten Namen Plomins, firmiert heute das Hotel-Restaurant Flanona (www.hotel-flanona.com.hr/de) etwas weiter vorn, wo der Plomin-Kanal in die Kvarner Bucht mündet. Das Café ist bekannt für seine guten Cremeschnitten und seine Terrasse, die eine eindrucksvolle Aussicht bietet.

58___Die Maria lactans

Das Stillen in der Bildsprache

Venedig war eine Hochburg für künstlerische Darstellungen der sogenannten Maria lactans, der stillenden Muttergottes. Dieses Motiv wurde in der Mitte des 15. Jahrhunderts von Meister Albert aus Konstanz am Bodensee nach Istrien gebracht, wo er in Plomin eine sehenswerte »Maria lactans« hinterlassen hat.

Das Bildmotiv tauchte bereits im Alten Ägypten auf, wo die Göttin Isis den Horusknaben stillt; ein Symbol für Fruchtbarkeit. Der Bildtypus einer Maria lactans entstand im Byzantinischen Reich um das 14. Jahrhundert, hatte aber eine andere Bedeutung: Das Kind steht für Gott, der über die Brust der Mutter mit der Menschheit in Verbindung tritt – der Akt des Stillens ist somit auch als Zeichen für die Menschlichkeit der Christusfigur zu verstehen.

Darstellungen der Maria lactans waren im Mittelalter ein typisches Thema. Die Mutterbrust-Symbolik wurde im Christentum als Zeichen des Erbarmens interpretiert; einige Bilder zeigen die sogenannte Schutzmantel-Madonna, die selbst auf ihre entblößte Brust verweist, mit der sie Christus gestillt hat, um den Groll Gottes von den Menschen abzuwenden.

Bei der Stillenden Maria von Plomin ist interessant, dass sie einen Apfel in der Hand hält. Der Apfel – mitunter auch eine Feige oder Birne – ist ebenfalls ein Attribut der gotischen Mariendarstellung. Es geht dabei um die Gegenüberstellung von Maria und Eva – Maria ist »die neue Eva«. Eva wiederum hat durch den Apfel die Erbsünde über die Menschheit gebracht. Durch die Geburt ihres Sohnes hat Maria den Weg für die Menschheit ins Paradies wieder geebnet, die Erbsünde scheint überwunden – das Jesuskind steht in dieser Symbolik für den »neuen Adam«. Der Apfel wird zum Symbol der Gnade und des Lebens – er steht also sowohl für das Böse als auch für die Erkenntnis; denn das lateinische Wort »malum« kann sowohl mit »das Böse« als auch mit »große Baumfrucht« übersetzt werden.

Adresse in der Pfarrkirche der Heiligen Jungfrau Marija, Piazza Plomin, 52234 Plomin |
Anfahrt auf D 66 von Labin Richtung Rijeka, circa zwölf Kilometer nordöstlich von Labin |
Öffnungszeiten meistens geöffnet, sonst an der Pfarrhaustür klopfen | **Tipp** Unterhalb vom
Plomin befand sich im Tal einst ein Römerhafen, dessen sehenswerte Ausgrabungen im
Museum von Poreč besichtigt werden können. Hier soll im Jahr 324 das Schiff mit den
Reliquien des heiligen Nikephoros angelandet sein, dessen Überreste auf ein Pferd gebunden
wurden, das Richtung Pićan lief. An der Stelle, wo es anhielt, wurde prompt eine
Bischofskirche errichtet (siehe Seite 118).

59__Der Bischofsstuhl
Zeugnis des Machthungers

Poreč ist seit dem 3. Jahrhundert ein Zentrum des christlichen Glaubens. 313 wurde hier der Märtyrer und spätere Stadtpatron Maurus bestattet; er war der erste namentlich bekannte Bischof von Poreč und starb vermutlich während der Christenverfolgung unter Diokletian. Schon im 4. Jahrhundert wurde er als Heiliger verehrt, seine Gebeine ruhen nach einer langen Odyssee seit 1934 wieder in der heimatlichen Basilika von Poreč (unter dem Altar).

Der Bischofsstuhl aus dem 8. Jahrhundert wirkt schlicht und unscheinbar, doch ist er ein stummer Zeitzeuge gar nicht so christlicher Machtpolitik. Die Schwächung der fränkischen Herrschaft in Istrien ließ die Bischöfe von Poreč erstarken. Sie übernahmen ab 788 die Herrschaft über die Stadt und bauten im 9. und 10. Jahrhundert ein wahres Imperium mit reichhaltigen Ländereien auf. Dabei vernachlässigten sie den Schutz der Stadt, die regelrecht verwahrloste und zudem immer wieder Piratenüberfällen ausgesetzt war; Poreč musste Schutzverträge mit entsprechender Schutzgeldzahlung mit Venedig abschließen.

Nutznießer der permanenten Streitigkeiten zwischen den unzufriedenen Bürgern und den Bischöfen waren die Patriarchen von Aquileia, die 1232 Poreč kontrollierten, bis Venedig 1267 die Macht übernahm. Zunächst fügten sich die Bischöfe den neuen Herren, bis Bischof Bonifaz 1286 die Stadt Poreč erneut einforderte, weil die Stadt ja schon immer den Bischöfen und sonst keinem gehört hatte. Die Bürger von Poreč sahen das anders. Sie waren der Machtpolitik der Bischöfe längst überdrüssig, rebellierten, und Bonifaz musste nach Rovinj fliehen – nicht ohne vorher die gesamte Stadt exkommuniziert zu haben, was für die Menschen seinerzeit seelisch und moralisch sehr belastend war. Nach zwei Jahren kehrte Bonifaz zurück, beharrte aber auf seinen Ansprüchen, musste deswegen abermals fliehen und sprach 1299 nochmals die Exkommunikation der Porečiner aus.

Adresse Eufrazijeva ulica 22, 52440 Poreč | **Anfahrt** am Hauptplatz Trg Slobode beginnt die längs verlaufende Decumanus ulica, dieser folgen und dann rechts in Eufrazijeva ulica | **Öffnungszeiten** Juni–Sept. 9–18 Uhr, Okt.–Mai 9–18 Uhr, Eintritt 40 Kuna | **Tipp** Trotz allem ist Poreč bis heute Bischofssitz. Und längst waren nicht alle Bischöfe derart machthungrig: Einer der wichtigsten Bischöfe war ein gewisser Juraj Dobrila (1812–1882), dessen Büste in Poreč auf dem nach ihm benannten Dobrila-Platz steht. Dobrila setzte sich zeit seines Lebens vor allem in Bildungsfragen für die Slowenen und Kroaten Istriens ein, die zur damaligen Zeit sowohl politisch als auch gesellschaftlich stark benachteiligt waren.

60__Die schwangere Madonna
Eine seltene Darstellung

Die Schönheit des Baukomplexes der Euphrasius-Basilika weist weit über Istrien hinaus und gehört als Weltkulturerbe zu den wichtigsten Sehenswürdigkeiten des Landes. Die Basilika in ihrer heutigen Gestalt wurde im 6. Jahrhundert errichtet, doch die Integration von älteren Gebäudeteilen und Funde von vorherigen Kirchenbauten belegen, dass der Ort bereits weit früher für sakrale Zwecke verwendet wurde. Die Euphrasiana ist eine dreischiffige Basilika. Die Seitenschiffe sind mit Säulen und einer Arkatur (offene, auf Pfeilern ruhende Bogenreihe) vom Mittelschiff getrennt. Die Seitenwände der Basilika sind nackt, was die Blicke des Betrachters automatisch auf den mit Mosaiken geschmückten Altar lenkt.

Im Zentrum der mittleren Apsis befindet sich eine Darstellung der Madonna, auf einem gepolsterten Thron sitzend mit dem Jesuskind auf ihrem Schoß. Das bekannteste Mosaikbild ist die Darstellung des Christus auf dem Himmelsgewölbe, flankiert von den zwölf Aposteln mit den sieben apokalyptischen Leuchtern.

Ein weniger bekanntes Mosaik befindet sich leicht versteckt rechts neben dem Altar (auf der Südseite). Es zeigt Maria, wie sie auf Elisabeth trifft, beide sind in schöne Gewänder gehüllt; Maria in Braun, Elisabeth in Gold. Maria erzählt in dieser Szene der ebenfalls schwangeren Elisabeth von ihrem Glück, in guter Hoffnung zu sein – im Hintergrund Elisabeths Mann mit dem Finger am Mund, ein Zeichen seiner Stummheit, die bis zum 8. Tag nach der Geburt und Beschneidung seines Sohnes Johannes der Täufer andauern wird. Bilder wie diese sind in der Kunst als Heimsuchungsszene bekannt. Mosaike dieser Art sind eine echte Rarität.

Ursprünglich stammt das Fest Mariä Heimsuchung (beziehungsweise lat. »visitatio« = Besuch) wohl aus dem Orient. 1263 führte der heilige Bonaventura das Fest am 2. Juli im Franziskanerorden ein, 1568 wurde es auf die gesamte römisch-katholische Kirche ausgedehnt.

Adresse Eufrazijeva ulica 22, 52440 Poreč | **Anfahrt** am Hauptplatz Trg Slobode beginnt die längs verlaufene Decumanus ulica, dieser folgen und dann rechts in die Eufrazijeva ulica | **Öffnungszeiten** Juni–Sept. 9–18 Uhr, Okt.–Mai 9–18 Uhr, Eintritt 40 Kuna | **Tipp** Im Untergeschoss des Bischofspalastes ist das weltberühmte Fisch-Mosaik aus dem 3. Jahrhundert ausgestellt. Dieses Relikt aus frühchristlicher Zeit wird mitunter fälschlicherweise als »Fisch der Häretiker« bezeichnet, weil die Ketzer in dieser Region stark vertreten waren.

61__ Sommer
Von Vandalen geschändet

Es bleibt für den kunstsinnigen Menschen schlicht unverständlich, warum es Menschen gibt, die, in verbrämten – meist religiösen – Ideologien gefangen, die Kunst als dekadent, provokant oder schandhaft empfinden. Dabei ist gerade die Kunst die einzig wahrhaft gelebte Freiheit des Geistes und die KünstlerInnen samt ihrer Schaffenswerke der einzige bleibende Reichtum der Menschheit. Wohl gerade aus diesem Grund wird Kunst immer wieder zum Opfer – die Täter wissen, dass sie mit Kunstschändung ideelle Werte angreifen. Manchmal sind die Wunden ihrer Angriffe dauerhaft irreparabel, oftmals auch nicht: Menschen lassen sich ihre Werte nicht zerstören und bauen sie wieder auf – berühmtestes Beispiel: das Bernsteinzimmer.

Nicht immer ist das »große Werk« Ziel von Vandalismus, wie die gerade 80 Zentimeter hohe Figur »Sommer« des kroatischen Künstlers Tomislav Ostoja belegt. Das Original wurde seinerzeit am Friedensplatz aufgestellt und war Teil eines von der Stadt Poreč in Auftrag gegebenen Zyklus weiblicher Aktskulpturen kroatischer KünstlerInnen. 2005 wurde »Sommer« dann Opfer dumpfen Vandalismus – und das ohne ersichtlichen Grund, denn die Skulptur ist weder provokant noch pornografisch. Idioten haben »Sommer« mit Ketten durch die Stadt geschleift und anschließend im Meer versenkt.

Der umsichtige Künstler Tomislav Ostoja hatte aber die Zeichnungen aufbewahrt. Nach denen wurde ein neues Gipsmodell erstellt und anschließend die Figur (aus einer Silizium-Aluminium-Legierung bestehend) neu gegossen. Seit dem 1. Mai 2015 – neun Jahre nach ihrer Schändung – sitzt die Dame wieder auf ihrem Sockel im kleinen Brunnen am Freiheitsplatz. Sie ist nun ein weiteres Symbol dafür, dass wir uns unsere Werte nicht zerstören lassen – und eine(n) schöne(n) »Sommer« schon gar nicht! Wie sagten noch treffend die Wiener Secessionisten: Der Zeit ihre Kunst, der Kunst ihre Freiheit!

Adresse Trg Slobode 2a, 52440 Poreč | **Anfahrt** Die Statue steht auf der Piazza. | **Tipp** Es ist kein Zufall, dass ausgerechnet in Poreč zeitgenössische Kunst einen großen Stellenwert genießt – sowohl der Bürgermeister als auch wichtige Firmen unterstützen das Projekt. Die zahlreichen Künstler mit ihren Gold- und Silberschmieden, aber auch Glas- und Keramik-ateliers sind Zeugnis veritablen Kunstschaffens; mitten in der Stadt gibt es aber hin und wieder auch »öffentliche« Kunstprojekte und diverse Workshops für bildende Kunst.

62 Die Tempelreste
Und das Gedächtnis der Stadt

Der Dekuman – siehe Tipp – durchzieht die Altstadt von Poreč in ganzer Länge in Ost-West-Richtung vom Trg Slobode (Freiheitsplatz) beginnend bis hin zum Trg Marafor (Römisches Forum). Die heutige Bezeichnung Marafor wurde aus *Martis forum* (Forum des Mars) gebildet.

Ursprünglich war das römische Forum von Poreč ein 44 mal 44 Meter großer quadratischer Platz; im Vergleich dazu ist der heutige Platz etwas kleiner. Bis heute sind die archäologischen Untersuchungen nicht abgeschlossen. Immer wieder gab es Ausgrabungen, die nicht alle Fragen klären konnten oder nicht kontinuierlich fortgeführt wurden. So stieß man bei Grabungen auf eine antike Pflasterung, die sich in einem hervorragenden Zustand befand; es gab daraufhin Überlegungen, den gesamten Platz freizulegen, um an die antike Oberfläche zu gelangen – doch einmal mehr waren Planung, Zeit und Geld unüberwindbare Hindernisse.

Oft war das Forum nicht nur Marktplatz, sondern auch kultisches Zentrum; so auch in Poreč. Die Existenzen eines Marstempels (woher der heutige Platz seinen Namen hat) sowie eines Neptun-Tempels sind belegt. Der Marstempel war 32 mal 15,65 Meter groß mit Säulen in korinthischer Ordnung, etwa 13 Meter hoch – er stammte aus der zweiten Hälfte des 1. Jahrhunderts, war reich ausgestattet und galt als der größte Istriens. Der Neptuntempel aus dem 2. Jahrhundert war etwas kleiner und nicht so imposant hoch gebaut.

Beide Tempel standen auf diesem Platz, der zudem mit zahlreichen Statuen von Kaisern, Feldherren und Bürgern, die sich verdient gemacht hatten, gesäumt war – daher wurde er auch als das Gedächtnis der Stadt bezeichnet. Leider ist von den Tempeln nicht mehr viel übrig. Östlich des heutigen Marafor befindet sich ein kleiner Platz, in dem aus den geringen Resten eine fast skurril wirkende Zusammenstellung von Teilen des Neptuntempels und anderen Steinfunden entstanden ist.

Adresse Obala Maršala Tita 26, 52440 Poreč | **Anfahrt** Am Ende der Decumanus-Straße liegt der Trg Marafor, links befinden sich die Reste der Tempel. | **Tipp** Das Muster der römischen Straßen war – wo immer das Gelände es zuließ – darauf ausgelegt, ein Straßennetz mit rechtwinklig aufeinandertreffenden Straßen zu bilden; wobei zwei Hauptachsen gebildet wurden, die *decumanus maximus* und *cardo maximus* genannt wurden. In Poreč dominieren noch heute diese Straßen den Stadtplan. Der die Altstadt in ganzer Länge von Ost nach West durchziehende *decumanus maximus* trägt sogar immer noch seinen antiken Namen, allerdings auf Kroatisch: Dekuman.

63 Der Dino-Fußabdruck

Spuren der Urzeit am schönen Kap

Premantura ist die südlichste Ortschaft Istriens und bekannt für ihr Krebsfest am 1. Mai. Sie liegt im Naturschutzgebiet Kap Kamenjak, zu dem der gesamte südliche Zipfel Istriens gehört. Aufgrund seiner Naturschönheit wurde das 1,5 Kilometer breite und 9,5 Kilometer lange Kap zum Schauplatz vieler Filme und Fernsehproduktionen. Heute ist das Kap ein Paradies für Spargelsucher, Ruhesuchende, Naturliebhaber und Wassersportler, denn es weht hier ständig ein laues Lüftchen. Zudem sind die vielen idyllischen Badebuchten am besten mit dem Boot zu erreichen. Aber auch per Rad oder per pedes kann man dorthin gelangen, denn um das Kap führt ein 30 Kilometer langer Wander- und Radweg. Der Weg ist ein einziger Traum, der an blühendem Rosmarin, duftendem Thymian, Wacholder- und Ginsterbüschen vorbeiführt und ständig neue Traumblicke auf das türkisblaue Meer bietet. Am schönsten ist es hier in den Abendstunden, wenn die Sonne mit einem farbenprächtigen Spektakel im Meer versinkt oder sich die Brandung in hohen Gischtfontänen an den Felsen bricht.

Bei einem ausgedehnten Spaziergang wird man an der Westküste des Kaps plötzlich Gesteinsformationen erkennen, auf die mit schwarzer Farbe seltsame Kreise gemalt wurden. Bei genauerer Betrachtung wird man feststellen, dass sich im Inneren der Kreise Vertiefungen befinden – tatsächlich soll es sich dabei um Fußabdrücke von Dinosauriern handeln. Auch wenn diese Fußabdrücke hier nur mit viel Phantasie nachvollziehbar und erkennbar sind, so sind im hiesigen Gestein schon viele Knochenfunde der Urzeitriesen aufgetaucht – übrigens: Der bekannteste »Dino-Fußabdruck« befindet sich beim Campingplatz San Polo (Bale) im Ufergestein; weitere urzeitliche Funde machte man auf der Inselgruppe Brijuni. Mittlerweile hat auch die Tourismusindustrie den Wert der Dinos für sich entdeckt und bei Funtana einen »Dinopark« errichtet. Und somit wird aus einem einfachen Fußabdruck eine bleibende Spur.

Adresse Kap Kamenjak, Premantura (52100 Pula), die Abdrücke befinden sich auf der nördlichen Seite vom unteren Kamenjak | **Anfahrt** in Pula über den Stadtring fahren, am Kreisverkehr links nach Premantura | **Tipp** Einer der beliebtesten Treffpunkte der Boheme am Kap Kamenjak ist die sogenannte Safari-Bar am südlichsten Ende. Sie bietet kleine romantische Nischen aus zusammengebundenen Schilfhalmen, mit Schilf bedeckte Dächer sorgen für Schatten. Man sitzt auf Steinen und grob gezimmerten Bänken an Holztischen. Die Atmosphäre ist einzigartig, das Publikum – irgendwo zwischen romantisierendem Ex-Hippie und gefühltem Neo-Aussteiger – auch. Man sollte allerdings vom »Wasser-trinken« Abstand nehmen, es gibt hier keine Wasserleitung; daher lieber mit Wein, Bier, Schnaps und Sangria vorliebnehmen.

64_ Der Pršut

Ein »Schinken« aus Stein

Das Weingut Misal im kleinen Ort Pršurići ist wegen seiner ausgezeichneten Schaumweine vollkommen zu Recht sehr bekannt. Bei einem Besuch auf dem Weingut wird dem aufmerksamen Gast der eigenartige »Schinken« auf der Theke im Eingangsbereich auffallen – tatsächlich ist dies kein versteinerter Schinken, sondern ein Stein, der die Form einer Schinkenkeule hat. Er wurde genauso wie er da steht bei Baggerarbeiten im Weingarten gefunden und nicht weiter händisch bearbeitet.

Istrischer Schinken ist aber auch eine »harte« Angelegenheit, denn er spiegelt das raue Leben wider, das die Menschen hier über Jahrhunderte führen mussten. Dennoch ist istrischer Pršut ein ungemein aroma- und facettenreicher Schinken, der bei phantasievollem Schmecken den ganzen würzigen Reichtum der Halbinsel auf dem Gaumen entfaltet.

Entscheidend für guten Pršut ist das Ausgangsprodukt Schwein, es sollte zeit seines Lebens viel Auslauf genossen, von der roten Erde »rote« Füße bekommen haben und sich von Kleintieren, Käfern, wildem Rosmarin, Salbei, Thymian, wildem Rucola, Melisse, Minze, Erika oder Lavendel ernährt haben, um ein gutes Aroma zu liefern.

Die vorbereiteten Schinkenkeulen werden mit Salz und Pfeffer eingerieben und gepökelt; nach dem Pökeln schmiert man die offen liegenden Fleischteile mit einer Mischung aus Schmalz, Mehl und einer Gewürzmischung (Lavendel, Lorbeer, Rosmarin, Knoblauch und/oder Thymian) ein. Die erste Reifung erfolgt auf dem Dachboden, damit die Keulen von den kalten Borawinden umschmeichelt ihr typisches Aroma entwickeln, zum Nachreifen kommen sie dann mindestens zwölf und bis zu 24 Monate (gilt unter Experten als optimal) in den Keller. Wichtig ist das rituelle Aufschneiden: Kein Istrianer käme auf die Idee, den Pršut mit der Schneidemaschine aufzuschneiden – ausschließlich mit dem Messer wird das gemacht, alles andere würde der Pršut als Beleidigung empfinden!

Adresse Familie Peršurić, Pršurići 5a, 52463 Višnjan | **Anfahrt** auf Landstraße D 302 von Baderna Richtung Poreč, circa zehn Kilometer nordwestlich von Baderna | **Öffnungszeiten** an die Tür klopfen, Tel. +38552/431586 | **Tipp** Dem Autor dieses Buches gefallen der MISAL-Prestige Extra brut und der reinsortig aus Malvasia gekelterte »Istra« besonders gut. Seine bevorzugte Pršutarna ist die der Gebrüder Jelenić (www.istarskiprsut.hr). Die Kombination von Istra & Pršut ist dann geradezu göttlich, wenngleich zum Pršut natürlich auch ein Glas Teran hervorragend passt!

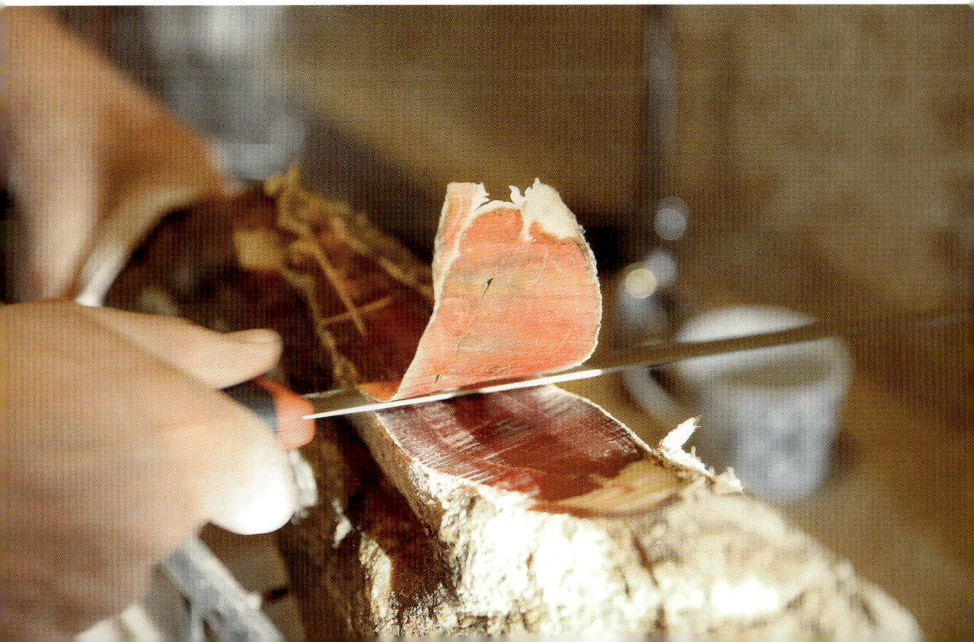

65__Das Dirke-Mosaik
Übertragung mythologischer Motive

Pula wurde im Zweiten Weltkrieg massiv bombardiert, dabei gerieten besonders das Hafenviertel und die Altstadt unter Beschuss. Nach Kriegsende tauchten aus den Tiefen der Vergangenheit Reste römischer Wohnarchitektur auf, die von den Bombensprengungen freigelegt wurden. Wunderschöne Bodenmosaike kamen zutage, die ihresgleichen lange suchten. Leider war es in den Wirren der Zeit nicht möglich, diese näher archäologisch zu untersuchen – sie wurden fotografiert oder abgezeichnet und dann wieder zugeschüttet. Wohnhäuser und Parkanlagen wurden darüber errichtet, und ein unbeschreiblicher kultureller Schatz wird wahrscheinlich für immer verschollen bleiben.

Ein Beispiel ist aber zugänglich. Beim Bau einer Straße neben der Ulica Sergijevaca wurde ein Raum eines römischen Hauses gefunden. Das kunstvoll gestaltete Bodenmosaik wurde gottlob in einer Nische konserviert und kann besichtigt werden – es ist das schönste Beispiel der römischen Mosaikkunst in Pula und zudem bestens erhalten (unverständlich, dass es kaum Beachtung findet).

Dirke war bekanntlich die eifersüchtige und grausam gewalttätige Gattin des Königs Lykos von Theben; sie schlug und folterte ihre Nichte Antiope und wollte diese auch von deren eigenen Söhnen töten lassen. Als Amphion und Zethos erfuhren, dass Antiope ihre Mutter ist, banden sie Dirke an die Hörner eines Stieres und ließen sie zu Tode schleifen. Diese als »Bestrafung der Dirke« bekannte Szene stellt das Hauptbild des Mosaiks dar; dazu finden sich geometrische Kompositionen und verschiedene Darstellungen von Tieren.

Besonders interessant ist die Tatsache, dass dieses mythologische Motiv vor allem aus Neapel bekannt ist, wo sich im Archäologischen Museum die Skulpturengruppe »Toro Farnese« befindet. Somit ist das Dirke-Mosaik in Pula ein gutes Beispiel für die Übertragung mythologischer Szenen in andere Medien und Regionen.

Adresse Ulica Sergijevaca 12, 52100 Pula, das Mosaik befindet sich im Hof des Hauses |
Tipp Unweit des Dirke-Mosaiks befindet sich die Kapelle der hl. Maria Formosa, ein
Überbleibsel der ehemaligen Basilika aus dem 6. Jahrhundert, die von den Venezianern
zerstört wurde. Der Beiname »Formosa« definiert sich durch die reiche Ausstattung, vor
allem die wunderschönen Mosaike, welche die Kapelle einst zierten – die Mosaike sind
heute im Archäologischen Museum. Die pittoreske Kapelle ist dennoch einen Besuch wert.

66 Die Eisenbahn

»Parenzana« reloaded

Seit der Fertigstellung des istrischen »Y« hat sich die Verkehrslage in Istrien dramatisch geändert, denn die großen Ströme werden über diese Autobahn in die Tourismuszentren geleitet.

Für das landwirtschaftlich orientierte Istrien war der Bau der Parenzana (siehe Seite 42) einst ein Segen, weil mit ihr nicht nur Agrarprodukte besser distribuiert werden konnten, sondern auch der Tourismus begann. Auch heute noch fährt eine Eisenbahn durch Istrien; auf 140 Kilometer von Pula nach Divača (Slowenien). Bis 1966 gab es bei Kanfanar zusätzlich einen Zubringer von und nach Rovinj, der ehemaligen Landeshauptstadt Istriens. Einen veritablen Zweck erfüllt die Bahn heute freilich nicht mehr, aber sie ist ein historisch interessantes Relikt.

Zu jugoslawischen Zeiten war Istrien bereits eine Touristenregion, weshalb eine D-Zug-Strecke von Belgrad nach Pula existierte. Die heutige Strecke verläuft von Pula über Divača bis Ljubljana; Divača war seinerzeit die Anbindung der Pula-Bahn an die Südbahn.

1873–1876 beginnt die Eisenbahngeschichte Istriens mit besagter Strecke Divača – Kanfanar – Rovinj / Pula. Die Motive des Baus waren rein militärischer Art, denn die Pula-Bahn war die Verbindung zum Hauptkriegshafen der k. u. k. Monarchie. Der Spatenstich zu diesem wegen der schwierigen territorialen Verhältnisse sehr aufwendigen Bauprojekt erfolgte 1873 in Pazin – trotz Wirtschaftskrise und fehlendem privaten Investment (mangels Rohstoffen war Istrien für Investoren uninteressant). Doch wenn das Militär etwas will, werden offenbar nicht nur sprichwörtlich ganze Berge versetzt. 1876 war die Strecke fertig und wurde bis 1882 von der Südbahn, später dann von der Staatsbahn betrieben.

Heute fährt hier nur mehr eine Binnenbahn, die oft nicht einmal bis nach Divača fährt, sondern nur bis nach Buzet und zurück – oder anders gesagt: über die Dörfer Istriens.

Adresse Bahnhof Pula, Kolodvorska ulica 5, 52100 Pula | **Anfahrt** zum Hafen Pula, über Ulica Riva in Kolodvorska | **Tipp** Der Bahnhof Pula ist eine sehenswerte Angelegenheit, denn er ist faktisch in unverändertem Zustand. Vom Meer trennen ihn nur die Gleise; sehr interessant die Regenrinne, welche in die tragenden Säulen eingearbeitet wurde. Eine alte Dampflok erinnert an bessere Zeiten. Einst gab es in Pula übrigens auch eine Straßenbahn (1908–1934), doch die wurde aus wirtschaftlichen Gründen 1934 von den italienischen Faschisten eingestellt.

67 Der falsche Knoten

In gutem Glauben falsch geknüpft

Nach dem Fall Venedigs 1797 übernahm Österreich dessen Flotte samt Kriegshafen in Pula. Man gründete die »k. u. k. Veneta Marina«, deren Offiziere und Mannschaft komplett aus Venezianern bestand. Aber sie waren gute Seeleute und konnten als Söldner den Habsburgern gute Dienste leisten. Nachdem Kaiser Franz Josef I. den dänischen Seemann Hans Birch Dahlerup 1849 zum Marinekommandanten machte, wurde Deutsch Kommandosprache. 1854 übernahm Erzherzog Ferdinand Maximilian das Kommando und schuf den sechstgrößten Flottenverband der Welt.

Doch die bürgerlich italienische Stadtverwaltung ließ keine Gelegenheit aus, die k. u. k. Beamten und Militärs zu provozieren – gern wurde von ihnen die sogenannte Dantehymne (besser bekannt als Rossinis »Recitativo ritmato«) angestimmt, weil Pula ja die Stadt Dantes sei (obwohl dieser wahrscheinlich nie dort war). Im Gegenzug nannten hochrangige österreichische Offiziere Pula wörtlich »ein erbärmliches Nest« und schimpften die Italiener als »gnocchi« (Nockerln). Trotz allem mühte sich die österreichische Zivilverwaltung um Deeskalation. 1872 wurde das Marinekasino eröffnet (heute das Haus der Streitkräfte), 1876 wurde die Bahnstrecke Wien–Pula eröffnet und 1991 die schöne neuromanische Marinekirche »Madonna del Mar«.

Das Eingangsportal dieser Kirche wird von zwei interessanten, auf sogenannten Mischwesen (halb Löwe / halb Seeschlange) stehenden Säulen gesäumt. Mittig weisen die beiden Säulen jeweils einen Knoten auf, der vom Knüpfen her an einen Kreuzknoten erinnert, was ja zumindest namentlich gesehen zu einer Kirche passen würde. Bei näherer Betrachtung fällt aber auf, dass es nur ineinandergreifende Schleifen sind, die so als Knoten nicht richtig halten würden. So sind die Säulen ganz offensichtlich im guten Glauben geschaffen worden, leider hält dieser nicht immer, was man sich von ihm verspricht.

Adresse die Marinekirche befindet sich im Stadtteil Stoja, Ulica Sv. Polikarpa b.b., 52100 Pula | **ÖPNV** von Stadtmitte Busstation Giardini Bus 1 nach Stoja nehmen | **Anfahrt** über Hafen Pula, Flaciusova ulica, in Arsenalska ulica abbiegen, am Ende der Arsenalska ulica an Schiffswerftmauer entlang, rechts in Ulica Sv. Polikarpa abbiegen | **Tipp** Etwas unterhalb der Kirche liegt der sehenswerte Marinefriedhof von Pula, eines der wichtigsten Mahnmale an eine der schlimmsten Katastrophen der Menschheit – den Ersten Weltkrieg.

68__ Das Pissoir

Einer von 111 Gegenständen

Das nebenstehend abgebildete Pissoir ist – zusammen mit anderen zum Teil skurrilen Artefakten wie beispielsweise ein »Behälter zum Auftauen von Fleisch« – einer von insgesamt 111 (!) Gegenständen der Dauerausstellung »Baron Gautsch – das erste Opfer des Ersten Weltkriegs in Istrien«. Die Ausstellung wurde 2014 zum Gedenken an die 100. Jährung des Untergangs des Passagierschiffs »Baron Gautsch« gestaltet. Ein großer Teil der Stücke stammt direkt aus dem Wrack des Dampfschiffs, das im Jahr 1951 in ungefähr 40 Meter Tiefe vom Triestiner Taucher Giacomo Stocca zwischen Brijuni und Rovinj am Meeresgrund entdeckt wurde.

Am 13. August 1914 sollte die »Baron Gautsch« Flüchtlinge von Dalmatien nach Triest bringen. Weil die Adria zwischenzeitlich von der Kriegsmarine vermint worden war, wurde ein genauer Kurs mündlich (der Geheimhaltung wegen) an die leitende Besatzung weitergegeben. Diese handelte jedoch grob fahrlässig und befand sich gar nicht auf der Brücke – so kam es, wie es kommen musste, die »Baron Gautsch« geriet in das Minenfeld, eine gewaltige Explosion riss die Backbordseite auf, und innerhalb von nur sieben Minuten sank das Schiff. 147 Menschen fanden den Tod, der Kapitän überlebte und wurde unter Hausarrest gestellt. Den Hinterbliebenen bot man 200.000 Kronen Schadensersatz, doch sie lehnten dankend ab und klagten weiter – erfolglos, denn erst ging ein Großteil der Akten beim Brand des Wiener Justizpalastes 1927 verloren, dann wurden die restlichen Akten in den 1938er Novemberpogromen vernichtet, weil der Hinterbliebenenanwalt ein Jude war.

Die Verunglückten wurden auf dem Marinefriedhof von Pula beigesetzt. Heute ist das Wrack des Passagierdampfers eine geschützte Unterwasser-Lokalität, die auf Bestreben der kroatischen Regierung zum nationalen Kulturdenkmal ernannt wurde und nun ein beliebtes Ziel für Tauchexpeditionen ist.

Adresse Historisches und Maritimes Museum Istrien, Gradinski Uspon 6, 52100 Pula |
Anfahrt im Zentrum Pulas, über die Sergierstraße (ulica Sergijevaca), eine von vielen
Anstiegen oder Treppen hoch zum Kaštel laufen | **Öffnungszeiten** 1. April–30. Sept.
8–21 Uhr, 1. Okt.–31. März 9–17 Uhr | **Tipp** Das nahe gelegene ehemalige Marinekasino
(heute das Haus der kroatischen Streitkräfte) wurde im Jahr 1872 als Gebäude zu Vergnü-
gungen und Unterhaltungen der österreichisch-ungarischen Streitkräfte und ihrer Familien
gebaut. 40 Jahre später wurde es um einen repräsentativen Anbau erweitert. Sehenswert ist
die auch Wintergarten genannte Haupthalle mit den kannelierten Säulenpaaren und dem
Glasdach.

69__Die Puležanka

Im architektonischen Schmuckstück

Die Tržnica genannte große Stadtmarkthalle ist der Bauch von Pula und zugleich eines der neuzeitlichen architektonischen Schmuckstücke der Stadt. Sie wurde 1903 vom Südtiroler Bauunternehmer Jakob Ludwig Münz (1853–1930) errichtet, der unter anderem auch für den Bau des Grand Hotels in Pula, die Villa Münz in Ičići und den Straßenbau von Pula nach Rijeka verantwortlich war. Die Markthalle besteht fast gänzlich aus Stahl und Glas. Stilistisch lässt die Wiener Secession grüßen, denn die Gestaltung trägt die Handschrift dieser Jugendstil-Epoche. Die komplizierte Eisenkonstruktion wurde vornehmlich in tschechischen Werkstätten hergestellt und anschließend an ihrem vorbestimmten Platz zusammengesetzt. Es ist eine der wenigen original erhaltenen Jugendstilmarkthallen, die noch heute in Betrieb sind.

Im Erdgeschoss sind vor allem die Fleischhallen und der schöne Fischmarkt angesiedelt. Im Obergeschoss findet man die kleinen Geschäfte, zahlreiche kleine Cafés und Bars, Imbissstände (Tipp: wirklich gute Čevapčići gibt es bei Kadro) und die nebenstehend abgebildete Puležanka (»Pulanerin«, eine Terrakotta-Arbeit des Künstlers Milan Legović von 1997), welche versonnen auf all die herrlichen Viktualien zu blicken scheint.

Östlich der Markthalle befindet sich idyllisch unter schattenspendenden Kastanien der Markt mit seinem großen Angebot an Obst, Gemüse und regionalen Spezialitäten: Zur Saison findet man hier auch den Šparoge (Wildspargel), neben den Trüffeln vielleicht das wichtigste wild wachsende Produkt Istriens. Er gibt Fritaja (Omelette), Rižoto (Risotto) oder Pasta-Gerichten sein typisches herb-krautiges Aroma und gilt als Delikatesse. Bauern aus dem Umland bieten Honig, hausgemachte Wurst- und Käsewaren, Eier, hausgemachte Teigwaren, Blumen und vieles mehr an und sorgen für ein buntes, pittoreskes Treiben, das die Vorfreude auf den folgenden Kochgenuss nur steigert!

Adresse Narodni Trg 9, 52100 Pula | **Anfahrt** im Zentrum Pulas, am Ende der Flanatička ulica, die Statue ist im ersten Stock der Markthalle | **Öffnungszeiten** Mo–Fr 7–12 Uhr, Sa und So 7–12 Uhr | **Tipp** Unbedingt besuchen sollte man jedoch das wunderschöne Künstlercafé »Galerija Cvajner« (am Forum, schräg vis-à-vis Rathaus, rechter Hand) mit individuell unterschiedlich gestalteten Tischen und ständig wechselnden Ausstellungen – sehr interessant auch die Fresken, welche bei der Renovierung gefunden wurden. Es befindet sich übrigens in den Räumlichkeiten der 1928 gegründeten Mussolini-Bank; der ehemalige Tresor ist samt Stahltür und Schutzgittern noch existent und dient heute als Lagerraum.

70__Der römische Fuß
Bleibende Spuren

Pula wurde zur Römerzeit eine mächtige Stadt, seine antiken Bauten prägen bis heute das Stadtbild. Der Augustustempel war der Göttin Roma und dem Kaiser Augustus geweiht und wird als vollkommen erhalten beschrieben, was so nicht ganz stimmt. Ende des Zweiten Weltkriegs wurde der Tempel direkt von einer Bombe getroffen, die in der Vorhalle zwischen den Säulen explodierte und den Tempel bis auf die Grundmauern zerstörte. Doch mit Hilfe von Archäologen wurde er in den zwei Jahren der italienischen Militärverwaltung der Alliierten (1945 – 1947) wieder aufgebaut und steht heute da wie zuvor.

Aufgrund dieser Restaurierung sind zudem andere Wunden der Vergangenheit kaschiert worden, denn der Tempel diente im Mittelalter als Getreidespeicher und fand eine Zeit lang sogar als Madonnenkirche Verwendung. Fenster wurden in das Mauerwerk geschlagen, Spuren von Umbauten und von Bränden, die mehrmals das Dach zerstörten, sind nach wie vor sichtbar.

Im Augustustempel findet sich heute ein marmornes Bein, das sicher zu einer kaiserlichen Statue gehört hat – denn Marmor war diesen vorbehalten. Daneben sind die Reste eines knienden gallischen Sklaven zu erkennen. Das Bruchstück wurde auf dem ehemaligen römischen Forum (heute der gepflasterte Platz vor Augustustempel und Rathaus) gefunden. Die Anordnung symbolisierte die kaiserliche Macht, also die Macht des Staates, und war Teil einer propagandistischen Plastik nach hellenistischem Vorbild. Die Propaganda hatte zum Ziel, den bis in die Spätantike praktizierten Despotismus zu verherrlichen.

Von der Herrlichkeit ist nicht viel übrig geblieben – außer diesem Fuß eines römischen Despoten. Bestehen bleibt aber die Tatsache, dass Istrien den Römern letztlich viel zu verdanken hat, denn diese haben bleibende Spuren hinterlassen, die Istrien heute wirtschaftlich (im Rahmen der Tourismuswirtschaft) wesentlich weiterbringen.

Adresse Forum Romanum, 52100 Pula, im Augustustempel | **Öffnungszeiten** April–Okt. Mo–Fr 9–20 Uhr, Nov.–März geschlossen | **Tipp** Interessante Reste römischen Daseins findet man auch in der Arena, dem Wahrzeichen Pulas – denn hier befindet sich ein Raum, in dem Ausrüstungsgegenstände von Gladiatoren ausgestellt sind. In den Katakomben unter der Arena wurde ein sehenswertes Museum zum Thema »Oliven und Weinbau in der Antike« eingerichtet.

71 Der Schornstein

Was übrig blieb

Am Rande des Stadtzentrums steht ein geziegelter Schornstein, hinter dem sich eine tragische Geschichte verbirgt; er gehörte einst zu einer Tabakfabrik, welche von Benito Mussolini persönlich gegründet wurde. Es gab und gibt Ideen, diesen »Mussolini-Schornstein« abzureißen, doch er sollte als Mahnmal dienen.

Das Ende des Ersten Weltkriegs bedeutete den Auftakt zur Teilung Istriens, das zunächst – wie auch Triest – Italien zugesprochen wurde. Wenige Jahre später setzte mit dem Faschismus Mussolinis und dem radikalen Nationalismus ein unfassbarer Terror ein. Der gegen die slawische Bevölkerung gerichtete Kolonialisierungsprozess verbot ihnen den Gebrauch der Muttersprache, die Gründung von kulturellen Vereinigungen, slawische Schulen wurden geschlossen und slawische Namen italienisiert. Jede Erinnerung an eine gemeinsame italienisch-slawische Geschichte sollte in Istrien ausgelöscht werden.

Italien übernahm 1938 die nationalsozialistischen Rassengesetze, welche in Nazideutschland bereits seit 1935 in Kraft getreten waren; diese beinhalteten Maßnahmen für den Genozid (Völkermord) am slowenischen (slawischen) Volk. Nach dem militärischen Zusammenbruch Italiens 1943 verschärfte sich für die Slawen die Lage noch zusätzlich. Nachdem Mussolinis Regime von oppositionellen Faschisten und monarchistischen Bewegungen gestürzt wurde, geriet Istrien unter die Herrschaft Nazideutschlands. Ausgerechnet in Triest, das sein Flair und seinen kulturellen Reichtum gerade dem Zusammenspiel unterschiedlichster Kulturen verdankt, wurde in einer alten Reismühle das einzige Konzentrationslager auf italienischem Boden errichtet.

Heute ist von all den Schrecken nicht mehr viel zu sehen, und aus diesem Grund sollte der Schornstein bestehen bleiben, denn er steht für das, was übrig blieb: mahnende Erinnerung … der Rest ist, gottlob, nicht mehr als Schall und Rauch.

Adresse Kandlerova ulica 35, 52100 Pula | **Anfahrt** im Hafen Riva ulica entlang, dann links in Carrarina und die erste rechts in Kandlerova ulica | **Tipp** Rovinj erlebte durch die 1872 von den Habsburgern errichtete Tabakfabrik einen regelrechten wirtschaftlichen Aufschwung. Der Mischkonzern Adris (zu dem neben einer Versicherung die Hotelgruppe Maistra gehört) hatte viele Jahrzehnte hier seinen Sitz, dann zog man in ein neues Fabrikgebäude bei Kanfanar. Im Juni 2015 stieß die Gruppe das Zigarettengeschäft komplett ab und verkaufte die TDR-Rovinj für mehr als 500 Millionen an die BAT (British American Tobacco).

72_Die Sirene

Zum Glück auf der Hinterseite

Das Rathaus Pula wurde zu Zeiten, als die Stadt eine freie Gemeinde war, gebaut. In der venezianischen Ära war hier die Providur, danach bis zur heutigen Zeit der Sitz des Bürgermeisters. Das Gebäude wurde zwischen dem 10. und 16. Jahrhundert mehrfach aus-, an- und umgebaut, sodass es eine seltsame Vermischung von Baustilen der Romantik bis hin zur Renaissance zeigt und dabei dennoch harmonisch wirkt. Neben romanischen und gotischen Bauteilen fallen die barocken Fensteröffnungen (rechte Seite) sowie zwei Statuen auf Renaissancesäulen auf.

Die vordere zum Platz hin gewandte Eckstatue zeigt Telamon, die an der Rückseite des Gebäudes befindliche eine Sirene. Es ist kein Zufall, dass diese beiden Figuren gewählt wurden, denn in der griechischen Mythologie verbindet sie die Argonautensage: Telamon war einer der Argonauten, die Iason auf der Suche (und beim Raub) des Goldenen Vlieses begleiteten. Auf der Heimfahrt gerieten die Argonauten im Zuge ihrer Irrfahrt auch in den Adriatischen Meerbusen und trafen auf das Volk der Illyrer. Nach einer weiteren Irrfahrt kamen sie zu den Sirenen und konnten diese dank Orpheus' Gegengesang unbeschadet passieren.

Seit Urzeiten stehen die Sirenen für das Unheil, das Fahrten über das Meer mit sich bringen können – meist wurden sie als Mischwesen von Frau und Vogel dargestellt, in späteren Zeiten auch als Frau und Fisch. Am Rathaus Pula hat man die Fischflosse der Sirene zusätzlich als Anker dargestellt. Ganz so, als wolle man das unglückbringende Fabelwesen in ein Glückssymbol verwandeln. Telamon hingegen ist ein von schwerer Last gedrückter, unglücklich dreinblickender Atlas – ob sich die Bürgermeister von Pula in der Figur selbst wiedergefunden haben? Jedenfalls ist es bemerkenswert, dass sich der Lastenträger gut sichtbar an der Vorderfront befindet, während die Sirene an der hinteren Fassade kaum Beachtung findet.

Adresse Forum Romanum, 52100 Pula, auf der Rückseite des Rathauses | **Tipp** An der vorderen, zum Platz hin gerichteten Fassade findet man eine Tafel mit einer Holzver-
ordnung, wann wo welcher Bestand geschlagen werden darf. Sie wurde von Josef Ressel
herausgegeben, als dieser Marineforstintendant in Triest war. Er war ein Verfechter des
forstlichen Nachhaltigkeitsprinzips und gab zudem Anregungen für die Karstaufforstung.
Nicht wenige sind der Ansicht, dass es überhaupt nur ihm zu verdanken ist, dass es in
Istrien noch Wälder – und damit Trüffel – gibt (siehe Seiten 90 und 100). Also war auch
er für Istrien ein veritabler Glücksfall.

73__Die Perlen

Für die »Perle des Kvarner«

Rabac wurde erst 1829 erstmalig erwähnt und bestand anfänglich nur aus wenigen Fischerhäusern, die aber allesamt verschwunden sind – man hat sich mit allen Konsequenzen dem Tourismus verschrieben, mit allen Baumaßnahmen, welche damit üblicherweise einhergehen.

1876 weilte der bekannte englische Schriftsteller Richard Francis Burton hier und schrieb über den einstigen Charme und die Schönheit der Landschaft. 1889 eröffnete mit dem »Quarnero« das erste Hotel, damals noch mit nur wenigen Zimmern. 1925 kam mit dem »Trieste« (heute »Primorje«) der erste größere Hotelbau. So richtig zu entwickeln begann sich der Tourismus erst in den 1960er und 1970er Jahren, und die Architektur dieser Zeit prägt bis heute das unverkennbare Bild von Rabac, das sich selbst schmeichelhaft als »Perle des Kvarner« bezeichnete – was, rein auf die Naturlandschaft bezogen, durchaus seine Berechtigung hatte.

Das Thema Perlen griff auch der kroatische Künstler Vasko Lipovac (1931–2006) auf, ein für strengen Minimalismus bekannter Maler und Bildhauer. Von ihm stammt zum Beispiel das berühmte »Dražen-Petrović-Denkmal« vor dem Olympischen Museum in Lausanne; der Kroate Petrović gilt als einer der besten Basketballspieler aller Zeiten und starb mit nur 28 Jahren bei einem Autounfall – aber zurück zu den Perlen.

Auf der Halbinsel St. Andrea schuf Vasko Lipovac im Jahr 1996 mit den »Perlen« eines seiner subtilsten Werke, welches er auf einem von der Brandung zerborstenen Felsen inszenierte. Die Skulptur besteht aus vielen Steinkugeln, die wie zerstreute Perlen den Felsen zieren und auf den ersten Blick gar nicht wie eine Skulptur wirken – wenn man sich aber in das ambientale Denken des Künstlers hineinversetzt, dann ist das Werk als Mahnmal für den Umweltschutz zu sehen und somit sicher nicht »für die Fisch'« ... vor allem nicht, wenn man von den Perlen aus räumlich und zeitlich nach »hinten« blickt.

Adresse Promenade Lungo Mare, 52220 Rabac | **Anfahrt** unterhalb der Kirche des
hl. Andrija | **Öffnungszeiten** das ganze Jahr über zu besichtigen | **Tipp** Sehenswert –
unweit der Perlen – ist auch die Skulptur »Baderin«, ein weiblicher Akt von Mate Čvrljak,
im Garten des Hotels Miramar befindet sich mit der »Rast« eine weitere Skulptur in
ähnlicher Form. Besuchen sollte man zudem den Skulpturenpark Dubrova b.b. bei Labin
(auf D 66 von Labin Richtung Plomin, circa vier Kilometer nördlich von Labin). Und für
den genussvollen Moment sorgt das Restaurant »Due Fratelli« (www.due-fratelli.com) in
einer Seitengasse oberhalb von Rabac.

74___Das Grab Waldersteins

Und ein mächtiges Schloss im winzigen Ort

Für die meisten Menschen – weder die Istrianer und schon gar nicht die Touristen – gibt es keinen triftigen Grund, den winzigen und abgeschieden liegenden Ort Račice aufzusuchen. Einzig ein paar Sommerfrischler aus Rijeka haben sich hier alte Häuser erworben, um sie als Domizil für die warme Jahreszeit zu nutzen. Die an sich schön gelegene Bocciabahn (siehe Seite 112) wirkt ungepflegt und ungenutzt, ein Lokal oder eine Konoba ist nicht auszumachen, lediglich ein kleiner Agroturizam, der Zimmer vermietet und von einem netten Herrn namens Sergio Sinčić geleitet wird.

Ein Grund, dennoch hierherzukommen, ist das hier befindliche Schloss Walderstein. Das baufällige Schloss ist verschlossen, es steht zum Verkauf. Mit Hilfe von Sergio war ein Besuch des Inneren möglich, aber nur mäßig interessant. Wesentlich interessanter ist da die Tatsache, dass die einst mächtige Burg an einer strategischen Schlüsselstellung liegt, denn von hier aus konnte man den Zugang zum Raša-Tal (Arsa-Tal) sowie den zur alten Straße nach Rijeka, damals »St. Veit am Flaum«, kontrollieren.

Der eigentliche Besitz der Waldersteins war das Kastell in Paz, von dem nur noch Ruinenreste vorhanden sind. Die wirken derart mystisch, dass der Volksmund meint, es würde hier spuken. 1494 wurde die Burg von Račice von Kaiser Maximilian an einen Kaspar Walderstein übertragen, den Bruder von Balthasar Walderstein aus Paz. Nach dem Krieg mit Kaiser Maximilian fiel Račice 1521 an Venedig – doch die Waldersteins behielten ihr Anwesen bis weit über das Ende der Serenissima hinaus, ja sogar bis ans Ende des Zweiten Weltkriegs.

Vor dem Ort liegt der Friedhof mit einigen Walderstein-Gräbern. Etwas versteckt im hinteren Bereich befindet sich das Grab des Grafen Peter Walderstein, der 1889 die Kosten für den Bau der Parenzana (siehe Seite 42) deutlich senkte, indem er die Spurweite auf 76 Zentimeter reduzierte.

QUI GIACE
L'INDIMENTICABILE
PIETRO CONTE
DE WALDERSTEIN
NOBILE DI SANTA CROCE
E CONTE DEL SACRO
IMPERO ROMANO

Adresse auf dem Friedhof Račice (52420 Buzet), das Grab des Pietro conte de Walderstein (Graf Peter Walderstein) liegt im hinteren Bereich des Friedhofs | **Anfahrt** auf der Landstraße von Buzet nach Cerovlje, circa zehn Kilometer südlich von Buzet | **Tipp** Vom etwa drei Kilometer südlich gelegenen Schloss Belaj hat man einen guten Blick auf die Ruine des Schloss Walderstein; das ehemals feudale Anwesen Belaj liegt westlich von Paz inmitten weitläufiger Weingärten und stammt aus dem 17. Jahrhundert. Im 18. Jahrhundert wurde es von Fürst Auersperg renoviert und mit einem großen Weinkeller ausgestattet – die Auerspergs verwalteten das Anwesen mit den dazugehörenden Gütern bis nach dem Zweiten Weltkrieg.

75 Die Kirche der heiligen Barbara

Eine interessante Dachkonstruktion

Nur wenig erinnert heute daran, dass hier einst ein See war; tatsächlich wurde für die Stadterrichtung der Krapansee (ital. Lago di Carpano) trockengelegt. Mit dem Bau der kleinen Bergbaustadt Raša wurde erst im April 1936 begonnen. Die jüngste Stadt Istriens wurde in nur 547 Tagen aus dem Boden gestampft und am 4.11.1937 fertiggestellt.

Es war ein Prestigeobjekt Mussolinis, der mit Raša die faschistische Idealstadt errichten wollte. Doch der mit der Planung und Durchführung beauftragte Triestiner Stadtarchitekt Gustavo Pulizer Finali sah darin die Chance, seine Idee von der »vollkommenen Stadt« zu verwirklichen. Mussolini soll seinen Unmut zwar kundgetan haben, war aber angesichts der Tatsache, dass die Stadt für damalige Verhältnisse über modernste Elektro-, Sanitär-, Wasser- und Kanalisationsanlagen verfügte, wieder beruhigt. Die Stadt wurde in eine Oberstadt für Beamte und Verwaltung und eine Unterstadt für die Bergarbeiter eingeteilt, dazwischen liegt das Herzstück der durchkonzipierten Stadt: der große »Paradeplatz« samt Rathaus, Schule und der Kirche der heiligen Barbara.

Vor allem die Kirche der heiligen Barbara, bekanntlich die Schutzpatronin der Bergleute, ist eine nähere Betrachtung wert. Sie überragt erstens einmal den Platz, was für die faschistische Denkweise recht unüblich ist. Doch das Besondere ist die Dachkonstruktion, die mitunter fälschlicherweise mit einem umgestülpten Hunt (kastenförmiger Förderwagen für Kohle) verglichen wird. In Wirklichkeit symbolisieren die bespannten, rippenförmigen Stahlbetonbögen aber die Deckenunterstützung, wie sie damals im Bergbau üblich war. Der Glockenturm ist in seiner Form an die Grubenlampe der Bergleute angelehnt, das Kreuz wurde aus Grubenschienen gefertigt. Somit wurde nicht nur Raša an sich komplett für den Bergbau entworfen, sondern auch elementare Gebäude wie diese interessante Kirche.

Adresse Trg oder Piazza Gustavo Pulizer, 52223 Raša | **Anfahrt** auf D 66 von Labin nach Pula, circa fünf Kilometer von Labin entfernt | **Öffnungszeiten** in den Sommermonaten meistens geöffnet | **Tipp** Einen Blick sollte man auch dem unten am Kanal befindlichen Pissoir widmen; es stammt von der bekannten Firma U. Renzi aus Turin und war für die damalige Zeit eine der fortschrittlichsten Sanitäranlagen (mit Wasserspülung). Auch in Labin stehen derartige Pissoirs, sie sind zum Teil bis heute in Betrieb.

76 Die Druckerpresse
Replik der Buchdruckerkunst

Roč ist eine gut erhaltene, befestigte kleine Stadt, die auf geschichtsträchtigem Boden steht, der seit Urzeiten besiedelt ist. Umrisse mittelalterlicher Mauern und Türme sind bis heute erhalten, die wahren Werte sind jedoch im Inneren zu suchen.

Neben der großen Stadtkirche des heiligen Bartholomäus steht die gotische Antonius-Kirche. Diese fällt bei näherer Betrachtung vor allem durch ihren eigenartig asymmetrisch versetzten Glockenturm auf – im Inneren beherbergt sie aber einen einzigartigen Schatz, nämlich das sogenannte Abecedarium. Dabei handelt es sich um das berühmte glagolitische Alphabet von Roč, das in die Querbalken eines Kreuzfreskos eingeritzt ist. Es wird von den istrischen Slawen fast wie ein Heiligtum verehrt, weil man stolz auf die eigene Schrift ist.

Die glagolitische Schrift wurde im 9. Jahrhundert von Kyrill von Saloniki erfunden, welcher von Byzanz ausgesandt wurde, um unter den Slawen das Christentum zu verbreiten. Nachdem diese zum großen Teil Analphabeten und der lateinischen Sprache nicht mächtig waren, erdachte er bei der Bibelübersetzung eine einfach zu erlernende Schrift, die einerseits auf dem griechischen und georgischen Alphabet beruht, andererseits bei der Formgebung christliche Symbole (insbesondere Kreuz, Kreis, Dreieck) einbezog. Diese Schrift wurde im slawischen Raum bis ins frühe 20. Jahrhundert verwendet.

Mit der Schrift wurde Roč das Zentrum des glagolitischen Buchdrucks. Im Jahre 1483 wurde das erste kroatische Buch – die sogenannte Missale (Messbuch) – in Čakavski (Altkroatisch) sowie in glagolitischer Schrift gedruckt. Der Grafik-Historiker Frane Paro sammelte auf der ganzen Welt (Schweiz, den USA, England unter anderem) alte glagolitische Lettern und baute für Roč eine sogenannte Gutenberg-Presse nach, die mit diesen alten Lettern voll funktionsfähig ist und den glagolitischen Buchdruck weiterleben lässt.

Adresse Vela vrata b.b., 52425 Roč, neben dem großen Stadttor | **Anfahrt** circa neun Kilometer von Buzet entfernt, auf D 44 Buzet Richtung Lupoglav, links nach Roč biegen | **Öffnungszeiten** keine, nur auf Anmeldung bei Frau Mirjana unter Tel. +38591/5679520 | **Tipp** In der Nähe des Nordtores befindet sich die kleine Kirche des hl. Rochus. Sie beherbergt wunderschöne Fresken aus dem 14. und 15. Jahrhundert, zudem eine glagolitische Inschrift.

77 Die Aussichtsplattform

Den Blick zurück und nach vorn gerichtet

Die Altstadt von Rovinj ist ein Touristenmagnet. Sie erschließt sich mit ihren schmalen Gässchen, kleinen lauschigen Plätzen, verschwiegenen Torbögen und pittoresken Hinterhöfen rund um die kopfsteingepflasterte Grisia. Die stufige Straße ist das bunte Wahrzeichen Rovinjs, denn an ihr siedelten sich Künstler unterschiedlichster Couleur an – seit 1967 findet im August eine Kunstausstellung statt, die sowohl das Leben der Boheme feiert als auch ernsthafte Arbeiten honoriert.

Die Grisia endet am höchsten Punkt vor der alles überragenden Pfarrkirche Sveta Euphemia. Um eine Kirche solchen Ausmaßes auf der Plattform oberhalb der Altstadt zu errichten, mussten gleich drei Kirchen abgerissen werden. Als Erstes hat man 1654 – 1680 den monumentalen Glockenturm errichtet, der nicht zufällig an den Campanile von Venedig erinnert, denn dieser diente als Vorbild. Die Kirche wurde nach der heiligen Euphemia benannt, deren Sarkophag sich im Inneren befindet; der Legende nach wurde der aus Konstantinopel stammende Sarkophag der Heiligen im 9. Jahrhundert unter ungeklärten und geheimnisvollen Umständen vor der Küste Rovinjs angespült.

Etwas unterhalb der Euphemia wird man in Richtung Meer gehend an eine kleine Aussichtsplattform gelangen, von der man vor allem in den frühen Abendstunden wahrlich romantische Stunden bei einem Glas Wein in der kleinen Bar verbringen kann, während die purpurrote Sonne im Meer versinkt. Möwen krächzen, Fischer kommen vom Meer zurück, und die Stimmung ist seltsam unwirklich schön. Noch ein Stück weiter vorn ist über Stiegen eine zweite Plattform erreichbar. Von hier kann man einerseits verträumt über das vor einem liegende Meer blicken, oder man lässt seinen Blick zurückschweifen und genießt den Anblick des mit 61 Metern einst höchsten Kirchturms Istriens, auf dem eine vier Meter hohe Euphemia-Statue aus Kupfer über Stadt und Land zu wachen scheint.

Adresse Trg Sv. Eufemije, 52210 Rovinj | **Anfahrt** die Grisia bis zum Ende hochlaufen | **Öffnungszeiten** das ganze Jahr über zu besichtigen | **Tipp** Schräg unterhalb der Euphemia (mit Blick aufs Meer rechter Hand) liegt in einer Seitenstraße das sogenannte Rovinj Spacio (Ulica Vladimira Švalbe 35); unter einem Spacio verstand man früher Lokale, in denen es nur Sardinen, Brot und Wein gab – die Fischer trafen sich hier nach getaner Arbeit auf ein Glas Wein und konnten dieses mit ihrem Fang bezahlen. Heute gibt es keine solchen Lokale mehr in Istrien, das in Rovinj ist das letzte verbliebene und mittlerweile (leider) auch zumeist geschlossen (zweimal wöchentlich geöffnet).

78__Die Büste Petrarcas

Großer »kopfloser« Dichter

In der Altstadt von Rovinj begegnet man einem der wichtigsten Vertreter italienischer Literatur, nämlich Petrarca, dessen Büste einen Torbogen ziert. Nun ist bekannt, dass Petrarca seine letzten Lebensjahre unter anderem auch in Venedig verbrachte, doch von Rovinj ist diesbezüglich nichts überliefert.

Dem Vernehmen nach sollen die Erbauer der Villa glühende Bewunderer Petrarcas gewesen sein und ihn mit dieser Büste geehrt haben. Eine andere Geschichte besagt, dass der Hausherr aufgrund einer unglücklichen und unerfüllten Liebe zum Anhänger des Petrarkismus wurde. Francesco Petrarca hatte diese Form der Liebeslyrik begründet – ausschlaggebend war die unerfüllte Liebe zu einer Frau namens Laura, die er über alles verehrte und als das Idealbild aller Frauen betrachtete. Ihr widmete er nicht nur den Titel seines Hauptwerkes Laura, sondern sie war seine dauernde Inspiration zu erotischer Lyrik. Der Mann nimmt dabei die Rolle des klagenden Sklaven ein, der unerträgliche Liebesqualen erleidet, während sein Herz von der Liebesglut aufgezehrt wird. Während der Liebende zum lebendigen Toten wird, wird die Frau als kalt und grausam beschrieben; typische Beschreibungen sind »das Herz ist wie Diamant«, »die Wangen sind wie Rosen« oder »ihre Brüste sind wie Marmorbälle«. Ob nun die Angebetete des unglücklichen Hausbesitzers tatsächlich diese Attribute erfüllte, wissen wir nicht – das Gedankengut kann man(n) aber nachvollziehen.

Doch es gibt noch eine humorvolle Deutung der Büste: Sie sei der versteinerte Kopf Petrarcas. Tatsächlich fehlte bei einer 2004 durchgeführten Graböffnung der Schädel des großen Dichters – der übrigens mit 184 Zentimeter Körpergröße tatsächlich zu den »ganz Großen« seiner Zeit gezählt haben muss. Nur die Gebeine waren vorhanden, der Kopf wurde vermutlich von Grabräubern bereits 1630 entfernt. Seitdem sind die sterblichen Überreste Petrarcas kopflos, was man von den literarischen Hinterlassenschaften wahrlich nicht sagen kann.

Adresse Trevisol 21, 52110 Rovinj, in der Altstadt | **Anfahrt** vom Tourismusbüro im Hafen Obala Pina Budičina in die Altstadt, am Café Limo vorbei, rechter Hand | **Tipp** Gleich um die Ecke befindet sich das urhübsche Café Limo (Casale 22b) – man sitzt auf kreativ bunt gestalteten Möbeln oder auf Kissen direkt auf den Steinstufen und hört vornehmlich jazzige Klänge aus der Bar. Ein wahres Kleinod unter Rovinjs Lokalitäten.

79 Die dorischen Säulen

Im »künstlichen« Paradies

Wer heute auf den schattigen Wegen durch den Parkwald Zlatni rt
(Punta corrente) wandelt, bewegt sich auf den Pfaden einer der in-
teressantesten Naturattraktionen Rovinjs. Nach mächtigen Zedern,
Olivenbäumen, Steineichen, Pinien und schlanken Zypressen steht
man plötzlich vor vier dorischen Säulen und fragt sich unweigerlich,
wie die hierhergekommen sein mögen. Die Antwort führt uns einmal mehr zurück ins 19. Jahrhundert, in die Zeit Istriens unter österreichischer Herrschaft.

Georg Hütterott – seines Zeichens Industrieller, Naturliebhaber, Kunstsammler und großer Freund Istriens, insbesondere Rovinjs – kaufte sich seinerzeit vier Inseln aus dem Archipelag Rovinjs
(hl. Andreas, Maškin, Šturago und hl. Johannes) samt dem Landstück
zwischen der Lone-Bucht und der Škaraba-Bucht. Alle Inseln waren
mehr oder weniger nur Felsen und von niedriger Macchie bedeckt;
das Festland war kahl und wurde höchstens zur Schafsweide genutzt.
Hütterott plante in den ehemaligen Olivenhainen und Weiden die
Errichtung eines klimatischen Kurortes namens Cap Aureo (Gol-
denes Kap) mit Hotels, Villen, Bädern und Sportanlagen. Er ver-
wandelte die Landschaft unter enormem materiellen Einsatz in ein
Paradies; dafür ließ Hütterott Erde mit Lastkähnen herbeischaffen
und im großen Stil aufforsten. Aufgrund seines frühen Todes wurde das Projekt zwar nicht beendet, aber die Weichen zum modernen
Tourismus in Rovinj waren gestellt.

Als leidenschaftlicher Kunstsammler dekorierte Hütterott seinen
Park mit antiken Relikten wie diesen Säulen. Er sammelte zudem
Werke des berühmten Marinemalers Alexander Kirchner, die heute
im Stadtmuseum von Rovinj gezeigt werden.

Hütterott starb 1910 in Wien, seine Gattin Maria und seine Toch-
ter Barbara lebten weiter auf dem Hütterott'schen Anwesen auf
S. Andrea, wo sie 1945 ermordet wurden, weshalb die Insel im Volksmund Crveni Otok (Rote Insel) genannt wird.

Adresse Zlatni Rt, 52210 Rovinj | **Anfahrt** über Ulica Stjepana Radića in Ulica Luje Adamovića, am Hotel Lone vorbeifahren durch Cesta za Škarabu; oder einfach an der Uferpromenade am Hotel vorbeilaufen | **Öffnungszeiten** frei zugänglich, wenn der Park geöffnet ist | **Tipp** Seine Privatinsel S. Andrea nannte Hütterott »Insel Cissa« – vielleicht ist diese Insel ja das untergegangene istrische Atlantis … (siehe Seite 172). 1947 zog hier ein Erholungsheim des Gewerkschaftsbundes ein, heute betreibt die Hotelgruppe Maistra ein gehobenes Hotel. Die verbliebenen Felswände des Steinbruchs am Kap Montauro – übrigens kommt von hier der Stein, der viele Häuser der Serenissima ziert – sind heute ein Paradies für Freeclimber. Das alte Steinhaus am Kap Kurrent diente dem Grafen Hütterott als Stallung für seine Pferde, bevor er nach S. Andrea übersetzte – heute ist hier ein Restaurant mit schöner Terrasse. Seit 1961 steht das Goldene Kap samt Inseln unter Naturschutz.

80__Der Jazz-Room
... ist so was von cool!

Im Sommer 2011 eröffnete mit dem Lone Istriens erstes offizielles Designhotel. Von Weitem einem Kreuzfahrtschiff ähnelnd, fügt sich der futuristisch anmutende Bau erstaunlich gut in die Umgebung des Goldenen Kaps (siehe Seite 166) ein und bildet mit dem Monte Mulini und dem Eden eine geschlossene Einheit.

Schlicht, klar und elegant: Das Architektenteam 3LHD unter der Führung von Silvije Novak nahm das funktionale Design kroatischer Hotelbauten und peppte dieses mit hypermodernen, zeitgenössischen und postmodernen Designelementen auf. Für die Innenausstattung wurde das international ausgezeichnete Designbüro Studio Numen / For Use aus Zagreb engagiert. Mit hohen Fensterfronten holt man die mediterrane Außenwelt quasi ins Hotelinnere. Um die oft kühle Atmosphäre von Designhotels zu vermeiden, wurden hochwertige Stoffe und massive Eiche verbaut. Viele Designelemente wurden eigens für das Lone geschaffen: für das Atrium eine raumgreifende Lichtinstallation der kroatischen Künstlerin Ivana Franke oder die von Silvijo Vujičić geschaffene wandhohe Installation aus Designelementen und echten Pflanzen, die der Lobby ein natürliches Flair verleiht. Das Highlight ist sicher der das Hotel fast auf der gesamten Länge umlaufende Infinity-Wasserbereich im ersten Stock.

Das Lone Hotel kann man als Istriens neuen Lifestyle bezeichnen: ein cooler und spannender Mix aus Tradition und Trend. Das Lone ist ein Haus für das kreative, schicke und urbane Publikum, das es sich in legerer Atmosphäre gut gehen lassen will. Und für diese Klientel halten die sogenannten Jazz-Rooms noch eine besondere Überraschung parat: der angesprochene Infinity-Wasserbereich vor den Balkonen dieser Zimmer mündet jeweils in einen großen Jacuzzi auf der eigenen Terrasse! Das Wasser ist wie das Hotel »so was von cool«, aber die »heißen« Phantasien, zu denen der Jacuzzi inspiriert, wärmen genügend.

Adresse Luje Adamovića 31, 55210 Rovinj, www.lonehotel.com | **Anfahrt** Autobahn A 9, Ausfahrt Rovinj | **Öffnungszeiten** ganzjährig, die Jazz-Rooms sind begrenzt und nur auf Anfrage buchbar | **Tipp** Zur Maistra-Luxury-Line gehört auch das 2008 eröffnete Fünf-sternehotel Monte Mulini, das mit Gediegenheit und einer traumhaften Terrasse vor der Bar punktet, am Kitchen-Table im Restaurant Wine Vault können bereits »heuer« die Kreationen der kommenden Saison verkostet und kommentiert werden. Extraordinär ist auch das neue Maistra-Adriatic-Hotel in Rovinjs Innenstadt – eines der schönsten Design-Boutique-Hotels der Welt!

81_Monte

Auf dem Balkon von Romeo & Julia

Die Küche Istriens basiert traditionell auf zwei Standbeinen: einerseits auf herausragenden Grundprodukten, andererseits auf einem bunten Reigen an Rezepten, den die unterschiedlichen Volksgruppen hinterlassen haben – wobei die sichtbarsten Spuren jene der Italiener sind. Das einfachste Rezept der Welt ist natürlich, die beste Zutat zu nehmen und diese ganz entspannt in reinster Form auf den Teller zu bringen.

Doch die junge Gastro-Szene Istriens hat sich zum Ziel gemacht, die traditionelle Küche der Halbinsel mit kreativer internationaler Stilistik zu vereinen. Herausgekommen ist eine Küche unter dem Motto »Alte Wurzeln, neue Wege«. Die Grundzutaten liefert eine Region mit überwältigender Vielfalt an Viktualien, die Phantasie kommt aus den Herzen der kreativen Küchengeister. Ein Vorreiter dieser neuen istrischen Küche ist das Restaurant Monte.

Danijel Dekić hat sich in seinem Elternhaus einen Traum erfüllt: ein elegantes Lokal, in dem er den passenden Rahmen für seine Küchenstilistik findet, die auf einer Kombination aus Respekt vor den Top-Produkten Istriens und seiner verspielten Kreativität basiert. Charmante Unterstützung erfährt er von seiner Frau Tjitske, die den Service leitet.

Das Ergebnis ist ein künstlerisches Gesamterlebnis für alle Sinne, das verblüffende Produktkombinationen genauso beinhaltet wie phantasievoll gestaltete Teller oder durch spezielle Effekte hervorgerufene Geschmacksexplosionen – unvergessen für den Autor dieses Buches wird das »semicrudo di scampi, conchiglie di san giacomo e branzino – mela verde e pancetta« bleiben, das bei Tisch geflammt wird und durch den glühenden Rosmarin einen bezaubernden Duft verströmt.

Romantiker wiederum werden den sogenannten »Romeo & Julia Balkon« für zwei als bezaubernd empfinden, auf dem man (fast) ganz für sich allein die genussvollen Kreationen genießen darf.

Adresse Ulica Montalbano 75, 52210 Rovinj | **Anfahrt** die Grisia ganz hochlaufen bis zum Seiteneingang der Euphemia-Kirche, links die Treppe runter befindet sich das Monte | **Öffnungszeiten** 15. April–15. Okt. 18.30–23 Uhr, unbedingt reservieren, Tel. +38552/830203 | **Tipp** Wer es aus kulinarischer Sichtweise bodenständiger bevorzugt, aber dennoch auf Romantik nicht verzichten möchte, der begebe sich ins La Puntulina und genieße dort eine (italienisch inspirierte) Küche auf Tischen, die zum Teil direkt auf den Felsklippen am Meer stehen (Ul. Sv. Križa 38, Tel. +38552/813186); auch hier unbedingt reservieren!

82 Der Taucheranzug

Suche nach Istriens Atlantis

Ungenaue geografische Angaben in antiken Schriften haben immer wieder zu Mythen wie die über das sagenumwobene Atlantis geführt. Auch Istrien hat sein Atlantis, denn der römische Historiker Plinius d. Ältere erzählte von drei Städten: Cissa, Pularia und Apsyrtiden. Klar ist, dass die Apsyrtiden eine Inselgruppe im Kvarner Golf sind (mit Cres, Krk, Lošinj und anderen) – doch wo lagen einst Cissa und Pularia?

Insbesondere Cissa bietet Raum für allerlei Spekulationen, denn auf der Kirchensynode in Grado im Jahre 579 und auf der römischen Synode von 679 finden sich Hinweise auf einen Bischof von Cissa. Cissa soll dem Vernehmen nach im 7. Jahrhundert durch ein Beben vom Meer verschlungen worden sein. Doch Genaues weiß man nicht – die Stadt blieb spurlos verschwunden.

Im 19. Jahrhundert griff der istrische Historiker Bernardo Benussi die Legende wieder auf. Er hatte gehört, wie Fischer von einer Stelle im Meer erzählten, wo sich die Netze in Mauerresten verfingen. 1889 publizierte der Grazer Dozent Vincenz Hilber über das stetige Absinken der österreichischen adriatischen Küste. Archäologe Prof. Anton Gnirs aus Pula verband damit das »Verschwinden« von antiken Bauwerken – tatsächlich lag die antike Linie zwei Meter unter dem heutigen Niveau. Die Sache wurde amtlich, und die k.u.k. Marine begab sich auf die Suche.

Der Taucher Josef Mular wurde engagiert und an von Fischern beschriebenen Stellen in die Tiefe gelassen. Man benutzte damals die für Hafenbauten entwickelte Ausrüstung mit verschraubbarem Tauchhelm, der durch eine Luftleitung und eine Rettungsleine mit dem Schiff verbunden war. Die Taucher trugen Bleischuhe und gingen damit über den Meeresgrund. Laut amtlichem Protokoll wurden ein Straßenzug und eine Uferbefestigung gesichtet. Spätere Tauchgänge widerlegten diese Beobachtung – Cissa bleibt somit verschwunden: bis heute.

Adresse Konoba Veli Jože, Ulica Sv. Križa 1, 52210 Rovinj | **Anfahrt** von Luka Richtung Porto Sv. Katarina über Santa Croce am Wasser entlang Richtung Altstadt auf der rechten Seite | **Öffnungszeiten** täglich 10–23 Uhr | **Tipp** Prof. Anton Gnirs deutete die Lage von Cissa etwas anders, er verortet die Stadt am sogenannten Punta Cissana, das von dem Geologen Pietro Coppo im 16. Jahrhundert erwähnt wird. Heute ist dies Punta Barbariga; zu finden sind nur mehr eine riesige Ferienanlage und Reste österreichischer Küstenbefestigung. Doch nach wie vor gibt es einen Titularbischof von Cissa, der auf das ehemalige Bistum Cissa zurückgeht, das dem Patriarchat von Aquileia als sogenanntes Suffraganbistum unterstellt war. Aktuell hat dieses Amt seit 2012 Gonzalo Alonso Calzada Guerrero, Weihbischof von Antequera (Mexiko), inne.

83__Der Tischtennistisch
Sport erzählt Geschichte

Škaraba heißt die wunderschöne Bucht am Goldenen Kap (siehe Seite 166), die leider durch ein vor sich hin rottendes Relikt aus real-sozialistischen Zeiten verschandelt wird – aber nicht nur das: Es ist auch ein Teil exjugoslawischer Geschichte, das da von Touristen weitgehend unbeachtet vor sich hin gammelt.

Das Goldene Kap ist landschaftlich einer der reizvollsten Flecken Istriens und lädt zum Wandern, Radfahren oder – teils sogar noch vollkommen ungestörtem – Baden ein. Erdbeerbäume, Lorbeersträucher, Aleppo-Kiefern oder auch Küsteneichen säumen die Pfade und felsigen Küstenabschnitte, an denen zahlreiche kleinere Buchten zum Verweilen einladen. Istrien-Naturromantik wie aus dem Bilderbuch. Und dann plötzlich steht man unvermittelt vor verfallenen Ruinen eines typischen sozialistischen Baus.

Es handelte sich hierbei um eine echte Rarität, denn es sind die Überreste des einzigen Pfadfinderheims auf istrischem Boden; hier konnten Jugendgruppen aus dem gesamten ehemaligen Jugoslawien urlauben und sich mit Gruppen aus anderen Ländern (dem Vernehmen nach sogar mit Österreichern) austauschen, was ansonsten kaum möglich war. Das Heim bot für sozialistische Verhältnisse unübliche Annehmlichkeiten wie eine großzügige Badewelt mit verschiedenen Süßwasserbecken oder Sportanlagen, zu denen auch der nebenstehend abgebildete Tischtennistisch gehörte. Dieser Luxus war sicherlich wenigen handverlesenen Gruppen vorbehalten, aber immerhin: Es gab ihn!

Titos Jugoslawien war (neben Polen) eines der wenigen sozialistischen Länder, das nach dem Zweiten Weltkrieg die Pfadfinder-Verbände nicht verboten hatte, sondern unter staatliche Kontrolle stellte. Weil sich aber das Erziehungssystem nicht an den internationalen Pfadfinderregeln, sondern an staatlichen Vorgaben orientierte, wurden sie dennoch aus der WOSM (Weltverband der Pfadfinder) ausgeschlossen.

Adresse Šetalište za Škarabu b.b., 52210 Rovinj | **Anfahrt** über Ulica Stjepana Radića in Ulica Luje Adamovića, am Hotel Lone vorbeifahren in Šetalište za Škarabu | **Tipp** Sport wird in Istrien auch heute noch großgeschrieben, wenngleich nicht unbedingt Tischtennis – dafür ist Umag ein wahres Tennis-Mekka mit zahlreichen Trainingsmöglichkeiten und einem ATP-Turnier; eine Skulptur aus in der Nacht leuchtenden »Tennisbällchen« ist das neue Wahrzeichen der Stadt (es steht im Kreisverkehr vor der Zufahrt zur Altstadt).

84__Die Transenne

Von den Templern errichtet?

Am sogenannten Trg na Lokvi im östlichsten Teil von Rovinj steht der vielleicht wichtigste Sakralbau der Stadt, denn es handelt sich mit dieser romanischen Dreifaltigkeitskapelle aus dem 13. Jahrhundert (manche Quellen sprechen sogar vom 12. Jahrhundert) um den ältesten vollständig erhaltenen Sakralbau Rovinjs. Der siebeneckige Bau ist aus passgenauen Steinquadern gemauert und zeugt von großer Handwerkskunst, gekrönt wird die Kapelle von einer schönen Kuppel.

Das Interessanteste an diesem Bauwerk ist aber ein kleines, unscheinbar wirkendes Fensterchen, das sich vom Eingang aus gesehen linker Hand befindet. In seiner Transenne (Trenn- oder Querbalken, auch Ausdruck für ein verziertes Gatter oder Fenstergitter) ist nämlich die Kreuzigung Christi eingemeißelt, dazu linker Hand die heilige Maria, daneben der Evangelist Johannes; in der Ebene darunter sollen sich zwei Apostel befinden. Dazu in der Mitte das Tatzenkreuz, was auf die Templer hinweisen könnte, die ja nun nachweislich in Istrien Stützpunkte hatten (siehe Seite 204). Auch die Tatsache, dass es sich in der Kreuzigungsgruppe ziemlich sicher um den Evangelisten Johannes handelt, deutet auf den Templerorden, denn die Templer sollen Johannes besonders verehrt haben. Gesichert ist es freilich nicht, dass der Bau von den Templern stammt, aber unwahrscheinlich ist es auch nicht.

Warum der Bau sieben Ecken hat, ist leicht erklärt, denn sie stehen für die göttliche Trinität und die vier irdischen Elemente. Allerdings steht die Zahl sieben im Christentum auch für vieles andere: die sieben Tugenden, die sieben Laster, die sieben Sakramente, die sieben Gaben des Heiligen Geistes, aber auch das Buch mit sieben Siegeln in der Offenbarung des Johannes. Auch wenn das nun symbolisch sehr naheliegend klingen mag, so ist das Heptagon als Grundriss in der Architektur dennoch höchst selten anzutreffen.

Adresse Trg na Lokvi b.b., 52210 Rovinj | **Anfahrt** über die Istarska Ulica und Ulica Giosue Carduccia zum Trg na Lokvi | **Tipp** Der Zahl sieben begegnet man in Rovinj noch bei einem zweiten Sakralbau, wenngleich in anderer Form. Die Kirche der heiligen Maria von der Gnade (Crkva Sv. Trojstva) aus dem 18. Jahrhundert ist eine der schönsten Barock- kirchen Istriens. 1750 wurde eine Vorhalle angebaut, mit deutlichen klassizistischen Merk- malen wie einem dreieckigen Giebel und einer den antiken Tempeln nachempfundenen Erhöhung um sieben Stufen.

85 Das Prangermännchen

Schimpf und Schande ... nur über wen?

Der entlegene, 1286 unter den Namen Castrum Salis gegründete Ort Salež ist nur über enge Bergstraßen erreichbar. Doch die Mühe lohnt, denn hier steht der einzige Prangermann Istriens, der in Form einer Männergestalt aus Stein gemeißelt wurde.

Die auch Schamsäule (weil für Prostituierte und Diebe vorgesehen) genannte Figur steht inmitten einer reizvollen landschaftlichen Umgebung; etwa zwei Meter hoch ragt sie ohne ersichtlichen Grund ausgerechnet hier aus einer Wiese hervor. In großen lateinischen Lettern sind ein Hinweis auf die »italienische Gerechtigkeit« und die Jahreszahl 1769 eingraviert. In der Mitte – etwa in Nabelhöhe – wird man ein kleines quadratisches Loch ausmachen; an diesem sollen angeblich die verurteilten Delinquenten angekettet worden sein, um von den übrigen Dorfbewohnern beschimpft, geprügelt oder mit Unrat beworfen werden zu können.

Bei näherer Betrachtung stellen sich aber Zweifel ein, denn erstens ist diese rechteckige Öffnung nicht für das Anbringen eines Kettenrings geschaffen (eher für das »Reinstecken« eines Kantholzes o. ä.), und zweitens mutet die Figur auf seltsame Weise orientalisch an, ja sogar ein Fes ist auszumachen. Tatsächlich könnte dies die Darstellung eines Türken sein, den man in Stein gehauen hat, um die Türken zu verhöhnen: So abwegig ist das nicht, denn gerade Istrien war in den venezianisch-türkischen Kriegen immer wieder ein beliebtes Ziel für türkische »Beutezüge« und begehrte Kolonie. Und immerhin gehörte die Gegend um Salež bis zum 9. Jahrhundert sogar zum Byzantinischen Reich.

Schimpf und Schande sollte er verkörpern, der Schandmann ... offen bleibt die Frage, für wen? Und offen bleibt letztlich auch die Frage, ob die Figur wirklich hier erschaffen wurde oder nicht doch eine umfunktionierte venezianische Kriegsbeute aus dem fernen Orient ist, denn Salež war seit 1440 venezianischer Besitz der Gravisi auf der Burg Pietrapelosa.

Adresse in der Nähe des Friedhofs in Salež (52420 Buzet) | **Anfahrt** Salež befindet sich circa acht Kilometer nordwestlich von Buzet, auf der Straße von Buzet nach Sočerga. | **Tipp** Die Burg Pietrapelosa befindet sich ebenfalls recht abgelegen nahe des Ortes Rusnjak (parken vor dem Restaurant Castellum, dann 20 Minuten Wanderweg). Die Ruine der durch einen Brand 1620 stark zerstörten Burg ist eine der am besten erhaltenen gotischen Festungen in Istrien.

86 Die hängenden Boote

Unter »falscher« Flagge

Savudrija ist bekannt für seinen FKK-Strand und einen berühmten Leuchtturm (siehe Seite 182). Weniger bekannt ist, dass man am Rande des Hafenbeckens unter Wasser die Reste einer römischen Mole ausmachen kann – in der Antike befand sich hier ein wichtiger Hafen, der auf der »Tabula Peutingeriana« als Silvo verzeichnet ist. Die nach Konrad Peutinger benannte, 1598 angefertigte Kopie einer spätrömischen Straßenkarte aus dem 4. Jahrhundert liegt in der Wiener Nationalbibliothek: 1715 kam sie durch Prinz Eugen nach Wien, nach seinem Tod kaufte Karl VI. dessen Bibliothek, und die Karte gelangte in die Kaiserliche Hofbibliothek.

Nördlich des Leuchtturms stößt man in einer kleinen felsigen Bucht auf eine Merkwürdigkeit: Die Boote ankern hier nicht an einer Kaimauer, sondern werden mittels Flaschenzügen auf ein Gerüst aus Steineichenstämmen hochgezogen und hängen an Seilen befestigt frei in der Luft. Durch diesen Trick sind die Boote vor den starken Gezeiten, den Winden und dem ständig heftig gegen die Felsen schlagenden Wasser geschützt.

Der kleine »Hafen« ist heute zwar kroatisch, würde aber nach der historischen Grenze, die 500 Jahre zwischen Österreich und Venedig bestand und weiter südlich verlief, zu Slowenien gehören. Der neue – vom Erzkommunisten und Tito-Freund Milovan Djilas festgelegte – Grenzverlauf entfachte einen heftigen Streit zwischen Slowenien und Kroatien, da die Südküste des Golfes von Piran und Savrudija historisch gesehen zu Piran gehörte und nicht wie heute zu Umag. Slowenien verlor durch die neue Grenzziehung entlang des Flusses Dragonja seinen Zugang zur internationalen Zone der Adria. Der Streit konnte zwar durch den Beitritt beider Staaten in die EU geschlichtet werden, doch dem Vernehmen nach fühlen sich die meisten der hier lebenden Menschen nach wie vor slowenisch; öffentlich zugeben würde das freilich niemand auf Anhieb – außer einem unbeugsamen Rebellen, an dessen Haustür steht: »Hier ist Slowenien.«

Adresse Svjetioničarska ulica 50, 52475 Savudrija | **Anfahrt** die Hauptstraße Istarska ulica entlang, die in die Svjetioničarska ulica übergeht | **Tipp** Gleich bei den hängenden Booten befindet sich das Lanterna Restaurant, von dessen Terrasse aus man bei guter Sicht einen wunderschönen Blick bis hinauf zu den Alpen hat. Einen kulinarisch sehr guten Ruf genießt in Savudija das Restaurant Toni (www.restaurant-toni.eu).

87__Der Leuchtturm

Hat noch nicht ausgedient

Nördlich von Umag, an einem der am weitesten ins Meer hinausragenden Punkte Istriens und Kroatiens, findet man den 400-Seelen-Ort Savudrija. Die früheste namentliche Erwähnung stammt von 1177 in Zusammenhang mit militärischen Konflikten zwischen wechselnden Parteien: Kroaten, Genuesern, Venezianern, Pisanern und römisch-deutschen Kaisern. Letztlich ging der Ort endgültig an die Republik Venedig. Seinen Namen soll er Otto, dem Sohn des deutschen Kaisers Barbarossa, verdanken. Dieser versuchte sich angeblich während einer Seeschlacht gegen die Flotte von Papst Alexander III. in einer Zisterne zu verstecken. Aus der »Salvo re«, der Rettung des Königs, wurde das Toponym Salvore, beziehungsweise Savudrija. Doch die von Sir Francis Burton verbreitete These ist eine reine Legende, die auf einem historischen Märchen beruht.

Die fruchtbaren Böden haben bereits die Menschen des Neolithikums bewogen, sich hier niederzulassen. In römischer Zeit entstand hier ein bedeutender Hafen, wobei die antiken Siedlungen Silvio / Silbio (wahrscheinlich der richtige Namensursprung) und Sipar besonders hervorgehoben werden sollten – sie befinden sich südlich von Zambratija (FKK-Gelände).

Wahrzeichen von Savudrija ist der 1818 nach Plänen des Hofbaumeisters Peter von Nobile errichtete 36 Meter hohe Leuchtturm, der zugleich älteste von Kroatien; dem bekannten Architekten verdankt Wien übrigens den Theseustempel im Volksgarten und Graz sein Schauspielhaus. Das Grazer Anna-Kinderspital war zu Beginn des 20. Jahrhunderts wiederum Auslöser für den modernen Tourismus in Savudrija, denn das zweitälteste Kinderkrankenhaus der Donaumonarchie schickte Kinder zur Erholung hierher.

Inzwischen hat der Leuchtturm seine Funktion als Seezeichen verloren, aber ausgedient hat er deshalb noch lange nicht! Er dient heute als touristische Attraktion für Gäste, die in einem Leuchtturm hausen wollen.

Adresse Svjetioničarska ulica 50, 52475 Savudrija, vis-à-vis der hängenden Boote | **Anfahrt** in Savudrija die Istarska ulica entlangfahren, die in die Svjetioničarska ulica übergeht, am Ende der Svjetioničarska ulica befindet sich der Leuchtturm | **Tipp** Sehenswert ist die leider nur wenig bekannte Kirche des hl. Ivan (11. Jahrhundert) mit einem Glockenturm aus dem 19. Jahrhundert. Sie besitzt mehrere Altäre, die Maria, Johannes und Petrus geweiht sind (in der Altstadt von Savudrija auf dem Hügel). Ein noch unbekannteres kirchliches Kleinod ist die in Valfontane befindliche Kirche des hl. Laurentius (Märtyrer, der von den Römern »gegrillt« wurde), die ihr spezielles Erscheinungsbild den sogenannten »hängenden Bögen« verdankt – sie befindet sich im Dorf Valfontane ganz allein auf einem Feld stehend.

88_Die Loggia
Wo Eulen fliegen

Sovinjak ist von einer der entzückendsten Landschaften Istriens umgeben. Olivenhaine werden von Getreidefeldern gesäumt, Zypressen ragen wie in der Toskana aus der Landschaft empor, und gepflegte Weingärten zieren die Hänge, wohin das Auge blickt. Die landwirtschaftlichen Produkte dieser Region waren bereits in der römischen Antike berühmt und begehrt. Livia Drusilla – die erste und bedeutendste Kaiserfrau Roms – soll den Pucinum genannten Wein von Sovinjak besonders geliebt haben; angeblich verdankt sie ihm ihr hohes Alter von 86 Jahren. Im heutigen Ort erinnert die rustikal-gemütliche »Konoba Santa Terra Pucinum« namentlich an den legendären Wein.

Von der Konoba aus sind es nur einige hundert Meter bis zur Loggia. Die istrische Loggia diente der Versammlung und Verwaltung. Im Gegensatz zu den italienischen Vorbildern wurden die Loggien in Istrien nicht von einzelnen Interessengruppen genutzt, sondern waren kommunale und multifunktionelle Bauten – aufgrund der Nutzungsvielfalt gab es Stundenpläne, wie, wann und von wem sie genutzt werden konnten. Hier wurde Recht gesprochen und Audienzen gegeben, Bürgermeister gewählt, städtische Maße und Gewichte verwahrt (meist in der Wand eingelassen), Proklamationen und Gesetze verlautbart und vieles andere mehr, was das öffentliche Leben betraf. Lediglich das Lagern von Handelsgütern war untersagt; allerdings hatte die Loggia immer offen und zentral zu liegen, damit man kontrollieren konnte, welche Güter in und aus der Stadt transportiert wurden.

Nichts von alldem vermittelt die Loggia von Sovinjak heute – doch sitzt man auf ihrer Mauer zwischen den bauchigen Säulen und lässt dabei die ungewohnte Stille und die klare Luft auf sich wirken, verschwimmen Raum und Zeit im Vinum Pucinum. Was heißt Sovinjak noch übersetzt? Wo Eulen fliegen … weil man von hier eine so schöne Aussicht hat und träumen darf.

Adresse 52420 Sovinjak, vor dem Ort | **Anfahrt** auf D 44 von Buzet nach Motovun, circa vier Kilometer hinter Buzet ist links die Abzweigung nach Sovinjak | **Tipp** Etwas außerhalb von Sovinjak in Sovinjsko Polje befindet sich in einem historischen Steinhaus das Restaurant Toklarija, das in einer sehenswerten alten Ölmühle untergebracht ist – wesentlich gemütlicher und authentischer speist man aber in der Konoba Pucinum (www.santa-terra.com.hr/de), von deren Gastgarten man zudem einen traumhaften Ausblick genießen kann.Übrigens: Unterhalb von Sovinjak befanden sich einst Stollen, in deren Minen von der Triestiner Firma Escher bis 1930 Bauxit, Kupfersulfat und Schwefel-kies abgebaut wurde.

89__Die Ziegen

Aus drei mach eins

Seit mehr als 2000 Jahren ist die Ziege das Wappentier Istriens – doch heute müsste man richtigerweise sagen: »drei Ziegen für Istrien«. Der Grund ist, dass das kulturelle und geografische Istrien zwischen Italien (Triest, Muggia), Slowenien (Adriaküste) und dem kroatischen Istrien (Gespanschaft Istrien) politisch aufgeteilt ist. Die Halbinsel war immer umkämpft und Ort zahlreicher Kriege, machtpolitischer Auseinandersetzungen und Interessenkonflikte – aber so zersplittert wie nach dem Zweiten Weltkrieg war Istrien nie zuvor.

Die istrische Besonderheit besteht darin, dass sich trotz der grundsätzlichen Verschiedenheiten im jahrhundertelangen Zusammenleben von slawischen und romanischen Völkern und trotz der anhaltenden Dreiteilung der Halbinsel (die nach dem EU-Beitritt von Slowenien und Kroatien nicht mehr ganz so dramatisch ist wie in den 1980er Jahren) eine gemeinsame Wertvorstellung samt Alltagsleben entwickeln konnten. Diese kulturhistorisch gewachsene Einheit steht über allen nationalistischen Bestrebungen und macht aus den drei Ziegen doch eine. Drei Ziegen zieren das Emblem der »DDI« (Dieta democratica istriana). Einst als Bewegung zur Einigung Istriens gegründet, ist aus ihr eine linksliberale Partei geworden, die 2011 Mitglied der kroatischen Regierung in Zagreb war.

Aus Zagreb stammt auch Hela Liverić. Sie kündigte ihren Job als Krankenschwester auf und zog nach Istrien, um sich ihren Traum von einer Farm zu erfüllen. Aus dem Nachlass der Großeltern machte sie einen Ziegenhof – so naturnah wie möglich! Jede Ziege hat einen Namen und wird »wie ein Mitmensch« behandelt. Sie sagt: Nur wenn die Ziegen glücklich sind, geben sie gute Milch – und aus der wird dann guter Käse. Ein Biss in den von ihr erzeugten Käse beweist, dass sie alles richtig macht! Es wäre schön, wenn man das von der Politik auch einmal sagen könnte.

Adresse OPG Hela Liverić, Šumber 20, Gehöft Juršeti, 52231 Nedešćina, Tel. +38591/2192090, farma.drijade@gmail.com | **Anfahrt** circa zehn Kilometer von Labin entfernt, von Labin in Richtung Rijeka über D 66, beim Supermarkt Plodine links nach Nedešćina abbiegen, in Juršeti | **Öffnungszeiten** Besichtigung gegen Voranmeldung möglich – weil Hela nur wenig produziert, ist der Käse leider ständig ausverkauft | **Tipp** Im Ort Svetvinčenat (Savičenta) findet im Schatten der Burg alljährlich im Juli eine ungewöhnliche Misswahl statt – gekürt wird hier nämlich die »schönste Ziege Istriens«. Ambitionierte Züchter und Hirten treffen sich, um ihre – mit Kleidern, Kränzen und Blumen geschmückten – Tiere von einer fachkundigen Jury bewerten zu lassen.

90_Johannes der Täufer
Sinnbild für Istrien

Im kleinen Ort Sveti Ivan, den man als Reisender ohne triftigen Grund wahrscheinlich gar nicht aufsuchen würde, steht vor der mächtig wirkenden Kirche eine seltsam anmutende Statue. Diese wirkt auf den ersten Blick »afrikanisch«, doch auf den zweiten dann doch nicht so wirklich. Tatsächlich soll die Statue Johannes den Täufer darstellen, ein Werk des berühmten österreichischen Bildhauers Bernd Fasching.

Der Mythos ist das zentrale künstlerische Thema Faschings, im ständigen Dialog mit dem Hier und Jetzt: »Wahrscheinlich auch ein Anspruch, die Flüchtigkeit mit der Ewigkeit zu vereinen, so wie in Sveti Ivan. Johannes der Täufer ist eine Gestalt, die für Judentum, Christentum und Islam gleichsam wichtig ist und zu einer Art Superheiligem mutiert. Was für ein Sinnbild für ein Land, das in einem gemeinsamen Raum fast alle umliegenden Länder und Kulturen vereint.«

Die Frage, was Istrien denn nun genau sei, hat sich der Künstler Fasching wiederholt gestellt. Slowenisch, kroatisch, italienisch – oder einfach nur Balkan pur? Shakespeare bezeichnete es in »Was ihr wollt« bei einem Schiffbruch als Illyrien. Und als einen Schiffbrüchigen sieht sich auch Bernd Fasching selbst. Er ist in Istrien gestrandet und nun ein Illyrer.

Im Dorf Grintovica, einer wahren Oase der Ruhe und Stille, hat sich Bernd Fasching ein Künstlerdomizil errichtet. Unter Palmen, Pinien und Olivenbäumen gedeiht ein Skulpturenpark. Abgeschieden von der Außenwelt, doch nicht ohne diese teilhaben lassen zu wollen: Besuche sind erlaubt und das Zusehen bei der Arbeit erwünscht! Einmieten kann man sich hier nicht, wohnen – nach vorhergehender Anmeldung per Mail (bernd.fasching@aon.at) – als kunstsinniger Gast ja. Das Corte Sardalini genannte Atelier soll »a lost paradise« für Freunde bieten und ein Ort der Leichtigkeit frei von Sachzwängen sein. Gedacht und erschaffen für den Dialog.

Adresse Sv. Ivan od Šterne, 52463 Višnjan | **Anfahrt** von der Magistrala 21 Richtung
Sv. Ivan abbiegen, die Statue steht an der Ortseinfahrt vor der Kirche (linker Hand) | **Tipp**
Im nahe gelegenen Višnjan befindet sich auf einem »Berg« eine Sternwarte (www.astro.hr),
von der aus man die istrische Küste, das slowenische Koper und bei guter Sicht bis hinauf
nach Muggia (dem italienischen Teil des geografischen Istriens) und zum Golf von Triest
blicken kann.

91 Das Krippenspiel
Eine gar nicht so stille »Stille Nacht«

Seit Istrien von einer Autobahn durchzogen wird, hat die 1936 fertiggestellte Magistrale an Bedeutung verloren. In den meisten kleineren Orten an der einstigen Hauptverkehrsader ist es still geworden. So auch in Sv. Lovreč, das selbst zur Hochsaison wie eine Geisterstadt wirkt. Unweigerlich wird man an die wenig schmeichelnden Worte von Michele Facchinetti erinnert, der 1843 schrieb: »Die meisten Häuser sind verfallen, in den Ruinen leben Amseln und picken die schwarzen Beeren des überall wuchernden Efeus …« Tatsächlich ist der ehemalige Palazzo Frigerio genau ein solches Bauwerk, das auch heute noch die düsteren Worte malerisch authentisch belegt.

Dabei gäbe es bemerkenswerte Sehenswürdigkeiten: das Stadttor mit Markuslöwe und Maskaron, die Basilika St. Martin mit ihren Fresken verschiedener Künstler des 11. bis 15. Jahrhunderts und den 1382 in Dvigrad geraubten Reliquien des hl. Vittorio und der hl. Corona oder die Mauerreste der Kirche Sv. Dorliga mit ihren schießschartenartigen Fenstern. Auch der schöne Platz mit Pranger oder die Zisterne des 1838 eingestürzten Palazzo Podestà (ehemals Sitz des Bürgermeisters) mit dem Relief des namensgebenden hl. Lorenz sind einen Besuch wert. Doch im 1030 erstmals erwähnten Sv. Lovreč herrscht nichts als Stille überall – mit einer Ausnahme: zu Weihnachten.

Ausgerechnet zur sogenannten »stillen Zeit« erwacht der Ort zu Leben und das im wahrsten Sinne des Wortes, denn der Ortskern wird zur Kulisse einer lebenden Krippe mit Weihnachtsmarkt: Tiere stehen in liebevoll gezimmerten Gattern, altes und traditionsreiches Handwerk wird vorgeführt, und allerorts werden typische Speisen zubereitet. Die Ställe für das Krippenspiel und viele andere Artefakte werden nach Weihnachten nicht abgebaut, sondern bleiben das ganze Jahr über bestehen und passen sich auf eigenartig mystische Weise in ihrer Leere der Stille an.

Adresse Trg Placeta, 52448 Sveti Lovreč | **Anfahrt** Magistrala D 21, die Krippen sind im ganzen Ort innerhalb der Stadtmauer verteilt | **Öffnungszeiten** Weihnachtszeit | **Tipp** Am gotischen Stadttor steht oben links neben dem Löwen die für Sv. Lovreč vielsagende Inschrift »vidistis, videtis, videbitis« (ihr habt gesehen, ihr seht, ihr werdet sehen), weiter wird man Längenmaße für Wolle und Seide ausmachen. Außerhalb der Stadt befindet sich vom Stadttor aus gesehen rechts die kleine steingedeckte Kirche S. Biagio, deren Inneres komplett mit Fresken bemalt ist; diese sind aber leider in sehr schlechtem Zustand und eine Besichtigung schwierig.

92 Die Schwarze Madonna

Unbekanntes Kleinod

Seit dem 12. Jahrhundert ist Sveti Petar u Šumi ein Treffpunkt von Ordensbrüdern: Erst befand sich hier ein Benediktinerkloster, dann waren vom 15. bis 18. Jahrhundert die Pauliner ansässig, die das Kloster bis 1782 nutzten. Danach wurde die Kirche zunächst Pfarrkirche, und die Klosterbauten gingen in Privatbesitz über.

1993 wurden Kirche und Kloster an die Pauliner zurückgegeben. Die Innenausstattung der Kirche mit ihren Altären und dem üppigen Kirchenmobiliar – eine Arbeit, welche unter der Leitung des bekannten Bildhauers Pavao Riedl durchgeführt wurde – bildet ein für Kirchen stilistisch selten homogenes Ganzes. Bekannteste Merkmale der Kirche sind die fünf Steinskulpturen Pavao Riedls in den Fassadennischen, die Altarbilder von Pauliner-Maler Leopold Keckheisen sowie die beiden Kapellen, deren Wände von oben bis unten mit einer gleichermaßen merkwürdigen wie pompösen Ledertapete geschmückt sind. Auf diesen Ledertapeten sind nicht etwa christliche Motive zu sehen, sondern Blumen, Früchte, Blüten und ähnliches Dekor. Sie stammen aus dem Venedig des 18. Jahrhunderts und verleihen der Kirche eher den Charakter eines prunkvollen Schlosses, weniger den eines Gotteshauses.

Eher unbekannt ist das interessanteste Bild dieser Kirche, das Altarbild der Schwarzen Madonna – das einzige in Istrien und eines der wenigen in Kroatien überhaupt. Es handelt sich hierbei um eine von einem unbekannten Pauliner-Maler hergestellte Kopie der wundertätigen Muttergottes von Tschenstochau; wenig verwunderlich, ist das polnische Tschenstochau doch der Hauptsitz der Pauliner. Einer Legende zufolge vergoss das Gnadenbild von Sv. Petar u Šumi am Heilligen Abend 1721 vor zahlreichen »Zeugen« Tränen. In den folgenden Jahren wurden im Bischofsarchiv und in den Klosterakten zahlreiche wundertätige Genesungen dokumentiert, was Sv. Petar u Šumi zu einem Wallfahrtsort werden ließ. Übrigens: Der Kult um die Schwarze Madonna wurde von den Templern vom Orient in den Okzident gebracht.

Adresse Plac b.b., 52404 Sv. Petar u Šumi | **Anfahrt** in Žminj auf Ž 5075, circa sieben
Kilometer nordwestlich von Žminj | **Öffnungszeiten** in den Sommermonaten immer
geöffnet, sonst an der Klostertür neben der Kirche klopfen | **Tipp** Der Ort war früher auch
für seine Geflügelzucht berühmt – vor allem Truthähne wurden hier gehalten. Die (mittlerweile) heruntergekommenen Anlagen stehen am Ortsrand und sind Zeugnis einer ehemals
leider nur wenig artgerechten Tierhaltung.

93__Die Schmiederituale

Hammer, Sichel und lange Bärte

Tinjan ist ein Örtchen, das nur selten in Reiseführern erscheint. Einst war es eine gut befestigte Grenzstadt zwischen Venedig und Öster-reich; es war sogar mit einem Wassergraben gesichert – nur über eine Zugbrücke konnte man in die Festung gelangen. Seit 1578 ist Tin-jan keine Festung mehr, wird aber seitdem als Stadt angeführt, die vor allem für Schmiedekunst bekannt ist; zahlreiche Häuser tragen das Symbol der Sichel.

In Tinjan gibt es bis heute das Sprichwort: »Guten Morgen mit Kosirić, guten Abend mit Rankunić«. Mit Kosir ist die Sense ge-meint, Rankun sind die typischen sichelähnlichen Messer von Tinjan, ein traditionelles istrisches Werkzeug, das seit alten Zeiten bekannt ist und vor allem von den Schmieden in Tinjan hergestellt wurde. Auch heute noch sind im Ort einige Schmiede tätig, die dieses All-zweck-Messer herstellen; zudem gibt es ein kleines Kosirići-Museum.

Doch Tinjan hat noch eine andere Bedeutsamkeit, nämlich den sogenannten Gespantisch, an dem sich die alten Tinjaner berieten und über wichtige Geschäfte und Ereignisse entschieden. Der mäch-tige steinerne Tisch wird von zehn ebensolchen Stühlen umkränzt. Hier wurden auch die Präfekten der Stadt gewählt, und zwar auf eine ganz unterhaltsame Art und Weise: Die Kandidaten setzten sich rund um den steinernen Tisch und legten ihre langen Bärte dar-auf. In der Mitte des Tisches ist ein kleines Loch, in das ein Floh gesetzt wurde. Nun wartete man ab, auf wessen Bart der Floh zuerst springen würde – derjenige, dessen Bart zuerst vom Floh besprun-gen wurde, war der neue Präfekt.

Heute ist Tinjan ein Städtchen, das weniger zu den Touristenat-traktionen gezählt wird, dafür aber einen hervorragenden Ruf in Be-zug auf das »Bewahren von Traditionen« genießt. Und dazu gehört auch die alljährlich Ende Oktober stattfindende Schinkenmesse, die der Stadt den Beinamen »Stadt des istrischen Schinkens« einge-bracht hat.

Adresse 52444 Tinjan, der Steintisch steht bei Hausnummer 17 | **Anfahrt** auf D 48 von Baderna nach Pazin, circa acht Kilometer östlich von Baderna | **Öffnungszeiten** Museum nur während der Schinkenmesse (Ende Okt.), Gespantisch das ganze Jahr über zu besichtigen; an der Infotafel beim Gespantisch gibt es alle Telefonnummern, man kann anrufen und fragen, um das Messer-Museum zu besichtigen | **Tipp** Ein sehr interessantes Projekt ist der sogenannte »Europäische Suhozid«, eine Bauart mit Natursteinen ohne Verwendung von Bindemitteln. Mitte 2007 begonnen, darf jeder Beteiligte nur einen nummerierten Stein hinlegen und bekommt dafür ein Zertifikat. Bis das Werk vollbracht ist, bedarf es 250.000 Steine und ebenso vieler »Maurer«.

94_Der Sarkophag
Blick gen Himmel

Umag hat der Legende nach seinen Namen vom keltischen Wort »mag«, das fruchtbares Land bedeutet. Tatsächlich vermitteln die immergrünen Zypressen, die im Frühjahr prächtig blühenden Mandelbäume, die weitläufigen Wein- und Gemüsegärten, die Olivenhaine und das tiefblaue Meer einen Eindruck geradezu schlaraffischen Überflusses. Auch wenn die Stadt auf den ersten Blick sehr modern wirkt, so ist Umag zu Recht stolz auf sein reiches kulturelles und architektonisches Erbe. Bei einem Spaziergang durch die Altstadt lassen sich auch heute noch zahlreiche Häuser und Paläste aus der Renaissance und dem Barock bewundern.

Über die Frühgeschichte dieser Stadt ist seltsamerweise nur wenig bekannt. Sicher ist jedoch, dass ihre Lage auf einer Insel, die durch einen schmalen Kanal vom Festland abgetrennt ist, einer der Gründe der frühen Besiedelung war. Die Ruinen einer römischen Villa rustica konnten nachgewiesen werden, doch die erste dokumentierte Erwähnung der Stadt stammt erst von Anonymus Ravennatus aus dem 7. Jahrhundert.

Das heutige Stadtbild ist geprägt vom modern restaurierten Hauptplatz sowie der Pfarrkirche, die sowohl Mariä Himmelfahrt als auch dem hl. Peregrinus, dem Schutzpatron der Stadt, gewidmet ist. Die Kirche markiert zudem die Stelle, an der ursprünglich der Kanal zwischen Festland und Insel verlief.

In einer kleinen Seitengasse links hinter dem Glockenturm findet man mit dem eingemauerten Sarkophag eine ausgesprochene Merkwürdigkeit. Bis heute weiß man nicht, warum er hier eingemauert wurde und wer darin liegt. Viele haben den Sarkophag bereits gesucht, doch längst nicht alle haben ihn gesichtet: Man muss seinen Blick nämlich nach oben richten, um den Sarkophag auszumachen, weil er im ersten Stock eingemauert ist – vielleicht war aber genau das der Grund des Einmauerns: Man kann den Sarkophag nur sehen, wenn man seinen Blick Richtung Gott wendet.

Adresse Ulica Epifano 3, 52470 Umag | **Anfahrt** von Trg Slobode (Piazza), rechts in die kleine Straße Ulica Epifanio 3, auf der linken Seite unter einem Fenster befindet sich der Sarkophag | **Öffnungszeiten** das ganze Jahr über zu besichtigen | **Tipp** Am Anfang der Altstadt steht die Rochuskapelle, die aufgrund der wunderschönen Deckenbemalung einen Besuch wert ist und ebenfalls eine güldene Peregrinus-Statue beherbergt. Dem Schutzpatron Peregrinus ist eine zusätzliche Kirche am Strand gewidmet, wo er der Legende nach den Märtyrertod erlitten haben soll.

95_Die Aussichtswarte

Am höchsten Punkt Istriens

Der Vojak ist mit 1396 Metern über dem Meeresspiegel der höchste Berg im Učka-Gebirge Istriens. An seiner Spitze befindet sich eine Aussichtswarte, die im Jahre 1911 von Naturliebhabern und Bergsteigern des »Österreichischen Touringclubs« erbaut wurde. Während des Ersten Weltkriegs diente der Turm der österreichisch-ungarischen Marine als Seebeobachtungszentrum. 1999 wurde das Učka-Massiv zusammen mit weiten Teilen der Ćićarija Naturschutzgebiet. Im Jahr 2004 wurde der Turm renoviert und zum Wahrzeichen des Naturparks; von hier oben hat man einen überwältigenden Ausblick über die gesamte Kvarner Bucht sowie weit ins Landesinnere Istriens hinein.

Der Legende nach wohnte hier zu Beginn aller Zeiten der mächtige Gott Perun. Von gewaltigen Eichen und stolzen Adlern umgeben herrschte Perun hoch oben in den Bergen, wo er mit Pfeilen und Steinen auf alles Übel warf, das sich unter ihm zutrug. Das Učka-Gebirge war also so etwas wie der Olymp Istriens.

Das Učka-Massiv besteht aus Kalk und Dolomitgestein und ist mit einer immergrünen Vegetation aus Eichen, Kastanien und Buchen bedeckt – im unteren, dem Meer zugewandten Teil herrscht eine mediterrane Vegetation vor. Das Gebiet ist bekannt für Heilpflanzen wie Salbei, Edelraute oder Berberitze sowie zahlreiche geschützte Pflanzen wie die seltenen Učka-Glockenblumen.

Nicht versäumen sollte man eine Wanderung durch den Canyon »Vela Draga«, der durch seine hoch aufragenden Kalksteintürme ein faszinierendes Naturphänomen abgibt und zugleich eine Herausforderung für Sportkletterer ist. Aber auch Wanderer, die in die wildromantische Schlucht hinabsteigen, werden mit einzigartig pittoresken Aus- und Einblicken belohnt.

Der Ort Lovranska Draga mit der gleichnamigen Schlucht wartet mit einem wildromantischen Wasserfall auf, der sich seinen Weg über verschiedene Terrassen hinweg bis ins Meer bahnt.

Adresse Gipfel Vojak im Učka-Gebirge | **Anfahrt** auf E 751 vor Tunnel Učka rechts an der Tankstelle abbiegen, dann über den Pass nach Opatija, am Dorf Vela Učka vorbei durch die Schranke nach Vojak, oder zu Fuß das Auto am Rastplatz Poklon lassen und wandern | **Tipp** Die Straße auf den Berg ließ Kaiser Franz Josef anlegen, um bequemer auf den Gipfel zu gelangen; auf der Strecke liegt auch der sogenannte Kaiser-Franz-Josef-Brunnen. Sehenswert ist auch das Restaurant Dopolavoro (Vela Učka 9, Tel. +38551/299641) mit seinen zahlreichen außergewöhnlichen Speisen vom Wild, Wildfruchtspezialitäten und Pilzgerichten.

96__Die Zvončari

Tierische Schellenmänner

Am nordöstlichsten Rand der istrischen Halbinsel liegt auf 378 Meter Seehöhe der mittelalterliche Ort Kastav. Bereits im 16. Jahrhundert gab es in Köstau (so der deutsche Name) ein eigenes Stadtstatut mit Selbstverwaltung. 1666 wurde der damalige Stadtvogt Franz Morelli im Wassertümpel auf dem Stadtplatz Lokvin trg ertränkt, weil er eine zehnprozentige Steuer erheben wollte. Die Verantwortlichen wurden nie gefasst, weil sich die Bürgerschaft kollektiv für schuldig erklärte. Ende des 17. Jahrhunderts wurde das Wasserloch zugemacht und eine Zisterne darüber errichtet, die noch heute steht.

Die Kastaver waren schon immer für üble Streiche gut, weshalb sich hier ein Brauch erhalten hat, den man ansonsten nur in nördlichen Gefilden – insbesondere in Alpenregionen – findet: Schellenmänner oder Halubajski zvončari, wie sie hier genannt werden.

Die Halubianer Glöckner haben ihren Ursprung in archaischen Bräuchen der Viehzüchter, was an den typischen Masken erkennbar ist, die Stieren, Wölfen, Wildschweinen, Bären und anderen Tieren nachempfunden sind. Die Masken haben Hörner und strecken die Zunge raus, als Glücksbringer, wie man es auf Gorgoneions sieht (siehe Seite 204), weiter gehören ein Schaffell und eine Glocke am Rücken zum Kostüm. Die weißen Hosen und kurzärmelige Matrosenpullis zollen der Fischerei und der Seefahrt als zweitem Haupterwerb der Region Tribut. Schließlich haben die Zvončari einen *balta* oder *bacuka* in der Hand, ein stilisierter Streitkolben – dieses Element kam später aufgrund einer Legende hinzu; die Schellenmänner sollen mit ihren furchterregenden Kostümen und dem Lärm ihrer Glocken sogar die Türken in die Flucht geschlagen haben, daher auch eine Waffe.

Ursprünglich war die magische Aufgabe der Glöckner das Vertreiben der bösen Geister des Winters und das Umwerben des Frühlings. Heute treiben die Schellenmänner zur Karnevalszeit ihr Unwesen.

Adresse Tourismusverband Viškovo, Viškovo 31, 51216 Viškovo, Tel. +38551/257591 |
Anfahrt circa acht Kilometer nordwestlich von Rijeka durch Matulji und Kastav durch-
fahren | **Tipp** Das Lokal Kukuriku (www.kukuriku.hr) gilt als eines der beständigsten
Feinschmeckerlokale der Region; hier wurde auch die berühmte »Kukuriku-Koalition« aus
Sozialdemokraten, Liberalen, Istrischer IDS und Rentnerpartei vereinbart, die in Kroatien
zwischen 2011 und 2015 regierte.

97__Nesactium

Das Schicksal der Histri

Die Halbinsel Istrien ist nach ihren ersten Einwohnern – den sogenannten Histriern – benannt. Sie beschäftigten sich neben der Schafs- und Ziegenhaltung vor allem mit Jagd und Fischfang, doch ihre Haupteinnahmequellen waren ein recht weit verzweigtes Handelsnetz sowie die Piraterie, was ihnen in den antiken Quellen einen zweifelhaften Ruf einbrachte.

Die für die damalige Zeit verhältnismäßig groß gewachsenen Menschen – Zeitzeugen zufolge sollen die Männer um 165 Zentimeter und die Frauen um 155 Zentimeter groß gewesen sein – lebten ein ruhiges und ungestörtes Leben in befestigten Anlagen, bis ihnen ihr Hang zur Piraterie zum Verhängnis wurde. Denn durch diese gerieten sie in den Konflikt mit den Römern. Was folgte, waren die sogenannten Histrischen Kriege Ende des 3. und 2. Jahrhunderts, über die der römische Historiker Titus Livius ausführlich berichtete. Die Histri wurden von Epulon, einem der wenigen namentlich bekannten Könige, angeführt.

Das Ende von Nesactium im Jahre 177 v. Chr. schilderte Titus Livius: » … dorthin führte Claudius seine beiden neuen Legionen, …, und belagerte selbst die Stadt. Claudius gab einem Fluss, der die Histrier mit Wasser versorgte und an ihren Mauern vorbeifloss, und der beim Angriff ein Hindernis bildete, … ein neues Bett, und änderte seinen Lauf. … Aber auch jetzt dachten sie nicht an Frieden, sondern machten sich daran, ihre Frauen und Kinder umzubringen. Damit diese schreckliche Tat auch den Feinden ein Schauspiel bot, töteten sie diese ganz offen auf der Mauer und stürzten sie dann hinab. Unter dem Geschrei der Frauen und Kinder und während des unsagbaren Gemetzels überstiegen die Soldaten die Mauer und drangen in die Stadt ein. Als der König … merkte, dass die Stadt eingenommen war, stieß er sich sein Schwert in die Brust, um nicht in Gefangenschaft zu geraten. Die Übrigen wurden gefangen oder erschlagen.«

Adresse Vizace / Valtura (52100 Pula) | **ÖPNV** Pula Busbahnhof, Bus 23 bis Valtura, dann zwei Kilometer zu Fuß | **Anfahrt** an Pula Flughafen vorbei, geradeaus nach Valtura fahren, in Valtura links hinter der Kirche die Straße zwei Kilometer geradeaus fahren | **Öffnungszeiten** Ausgrabungsstätte April–Sept. 9–12 und 15–19 Uhr, Okt.–März 9–12 und 15–17 Uhr | **Tipp** Im nahe gelegenen Ort Banjole sollte man sich einen Besuch der Konoba Batelina (Tel. +3852/573767) nicht entgehen lassen – besonders empfehlenswert sind hier die variantenreichen Vorspeisen mit zum Beispiel Sashimi istriana, eingesalzener Barbe, marinierten Fischen, Jakobsmuschel-Carpaccio oder der hocharomatischen Haifisch-Leber-Paté.

98 Das Gorgoneion
Eine »schöne« Fratze

Mitten auf dem Friedhof von Vižinada steht die Kirche der hl. Jungfrau Maria (Maria del Campo), deren Besichtigung im Inneren aufgrund der farbenfrohen Fresken (Evangelisten mit Schriftrollen und Engel mit Instrumenten) zwar äußerst sehenswert wäre, aber leider nur selten möglich ist (eigentlich nur vor oder nach einer Messe). Auch die fünfeckige Apsis lohnt einen Besuch.

Maria del Campo ist für eine Friedhofskirche verhältnismäßig groß und aus großen, gesetzten Steinquadern gebaut, was für Istrien eigentlich unüblich ist. Sie wurde im 15. Jahrhundert über dem Kreuzgang einer Klosteranlage errichtet, von der angeblich auch das Baumaterial stammen soll.

1321 unterhielten an dieser Stelle die Templer ein Hospiz. Nach der Zerschlagung des berühmten Ordens übernahmen es zunächst die Malteser, bevor es 1536 vom Adeligen Girolamo Grimani den sogenannten Terziari, ein dalmatinischer Franziskanerorden, geschenkt wurde. Nach Gerüchten um ein wahres Lotterleben und dem Umstand, dass die Franziskaner den Bischof von Poreč nicht ins Kloster gelassen haben sollen, als dieser eine Visitation vornehmen wollte, wurde das Kloster geschlossen.

Über dem Eingang befindet sich ein bemerkenswertes Relief, das ein Gesicht mit herausgestreckter Zunge darstellt. In vielen Schriften ist zu lesen, dass es sich bei diesem angeblich aus dem 7. Jahrhundert stammenden Relief um Attila handeln soll – doch dieser hat Istrien nie nachweislich betreten.

Viel wahrscheinlicher handelt es sich um ein sogenanntes Gorgoneion, dem man seit der archaischen Kunst begegnet. Ursprünglich stellt dieses den abgeschlagenen Kopf der Medusa dar. Die typische archaische Darstellung ist eine Fratze mit rausgestreckter Zunge, die im Laufe der Zeit abgewandelt wurde und zu einer »schönen Fratze« mutierte. Ein solches Gorgoneion diente als magischer Schutzbringer und sollte Feinde abschrecken.

Adresse Friedhof Božje Polje, 52477 Vižinada | Anfahrt auf D 21, der Friedhof befindet sich außerhalb des Ortes in Richtung Poreč (nach circa drei Kilometer rehts abbiegen) | Tipp An der gotischen Kirche von St. Maria im Schnee (bei Ceppi di Sterna) – bekannt durch ein traditionelles Fest – befindet sich ein ähnliches Gorgoneion.

99__Die Höllenqualen
Mehr als nur ein Fegefeuer

Im Jahr 1970 kam der Film »Kelly's Heroes« ins Kino und wurde einer der beliebtesten Hollywoodkriegsfilme aller Zeiten mit Donald Sutherland, Clint Eastwood und Telly Savalas in den Hauptrollen. Der Film handelt vom Raub des in Frankreich versteckten Nazi-Goldes und wurde hier in Vižinada gedreht. Zwei Monate stand das Dorf Pate für das französische Claremont. Die lokale Bevölkerung spielte französische Zivilisten und verdiente damit als Statisten pro Monat mehr als ein damaliges durchschnittliches lokales Jahreseinkommen.

Die Kirche Sveti Barnabas diente der Produktionsfirma als Lagerraum für technisches Equipment und Requisiten. Durch unachtsames Verhalten wurden dabei die Wände zerkratzt, und zutage kamen wertvolle – bis dato unbekannte – Fresken aus dem 15. Jahrhundert. Die meisten der Fresken zeigen das in Istriens Kirchen übliche ikonografische Programm: die Geburt Christi, die Anbetung der Könige, das Letzte Abendmahl, die Kreuzigung und die Auferstehung beispielsweise oder auch eine sehr drastische Darstellung des Bethlehemitischen Kindermords.

Zwei Fresken verdienen besondere Beachtung, denn es sind selten explizite Darstellungen der Höllenqualen. Während das Fegefeuer ja noch als Möglichkeit der Reinigung der Seele betrachtet wird und die Chance auf das Paradies offenlässt, so ist mit der Hölle tatsächlich Endstation – zwar steht in der Bibel nichts über die ewige Verdammnis, aber die Kirche und ihre Ikonografie wissen um ihre Existenz. In erstaunlich lebendigen Pastelltönen von fesselnder Kraft werden nackte menschliche Körper von Teufeln, Kröten und Schlangen gequält. Bei Darstellungen des Fegefeuers strecken die armen Sünder die Arme gen Himmel – als Zeichen, doch noch ins Paradies zu gelangen. Hier sind ihre Arme am Rücken gefesselt, und ein Entkommen ist unmöglich, was auch die glagolitische Inschrift besagt: »Wehe denen, die dorthin gehen!«.

206

Adresse an der Piazza, 52477 Vižinada | **Anfahrt** auf D 21, 16 Kilometer nördlich von Baderna | **Öffnungszeiten** Schlüssel im Pfarrhaus holen, Tel. +38552/446120 | **Tipp** In Pazin erzeugt die Firma Ferenčić eine knallrote Kräuterlimonade namens Pašareta, die optisch gesehen direkt aus einem Hexenkessel stammen könnte.

100__ Die Tarifa
Gebühren über Gebühren

Vor dem Ersten Weltkrieg war Vižinada ein Zentrum der Seiden-
zucht, von der nichts übrig geblieben ist – nicht einmal die Maulbeerbäume. Nach dem Zweiten Weltkrieg kam es noch schlimmer:
1947 zog fast die gesamte italienische Bevölkerung weg, und der Ort
vereinsamte regelrecht. Vižinada wird Literaturbegeisterten vor allem
dadurch ein Begriff sein, dass eine gewisse Nora Joyce – die Gattin
des Literaten James Joyce – hier nach einer Fehlgeburt 1909 nach
Anraten ihres Triestiner Arztes kurte. Nora, die damals noch unver-
heiratet war und mit Nachnamen Barnacle hieß, war nicht begeistert
von diesem unspektakulären Ort und schrieb ihrem James: »… ich
habe mich überhaupt nicht amüsiert, seit ich hier bin … hier gibt es
keine Läden, und ich kann überhaupt nichts kaufen … schreib mir
bald …«

Wer heute nach Vižinada kommt, wird diese Zeilen irgendwie
nachvollziehen können, denn außer einem kleinen Café, in dem sich
Einheimische gemeinsam langweilen, gibt es hier nicht viel. Wo einst
der Palast der Grimani stand, steht heute ein Gemeindehaus im sozialistischen Stil. Auffällig nur das einst sicher schöne Haus Maraston
am Ortsende, das zwar auf bessere Zeiten zu warten scheint, aber im
Erdgeschoss die Post beherbergt. Hier befand sich früher ein Gast-
haus mit Zimmervermietung. Falls Nora tatsächlich hier gewohnt
hat, so hätte sie immerhin die schöne Zisterne aus dem Jahr 1782 betrachten können, ein architektonisch bemerkenswerter Bau mit zwei
Brunnensteinen und Eisenarabesken.

Sehenswert ist allerdings die sogenannte Tarifa, welche vor dem
ehemaligen Getreidespeicher an der Piazza zu finden ist. Auf einem
frei stehenden Steinblock sind hier – datiert auf den 23. Juli 1726 –
die zahlreichen Gebühren und Tarife eingemeißelt, welche man beim
Be- oder Entladen des Schiffes für Holz, Wein, Öl, Getreide und
andere Güter im kleinen Hafen von Baštija am Mirna-Fluss zu ent-
richten hatte.

TARIFFA
DI QVANTO DOVERA RISCVOTER SI PER IL SO-
PRASTANTE ALLA BASTIA DA PARTICOLARI
CHE CARICHERAÑO IN QVEL PORTO E RIVE INFE-
RIORI DEL RIVME QVIETO IN ORDINE AL PRO-
CLAMA A STAMPA DEL GIORNO 23 LVGLIO
CORENTE DEGL ILLV. ET ECCMI SS. DEPV-
TATI ALLA VAL DI MONTONA CO RELATIVO
A DECRETI DELL ECC. CONS. DI X.

PER OGNI PASSO DI LEGNE DA FVOCO —— 4
PER OGNI PASSO DI LEGNE DA FASSO ——
PER OGNI CARICO DI QVAL VMO ALTRA
SPECIE DI ROBBE PER VN INTIERA BAR— 3
CA PER OGNI BOTTE DI VINO ————
PER OGNI SACCO DI FORMENTO E BIADE
TANTO NEL CARICO QVANTO NEL DIS-
CARICO ————————

DATA DAL MAG. ECCMO DE DEPVTATI
ALLA VAL DI MONTONA LI 23 LVGLIO
1726
FRANCESCO MARIA MALIPIERO DEPVTAT.
NICOLÒ ZVSTO DEPVTATO

COSTANTIN NICOLOSI SECRET.

Adresse Vižinada 53, 52477 Vižinada | **Anfahrt** auf der D21, die Tarifa steht vor dem ehemaligen Getreidespeicher (Hausnummer 53) schräg vis-à-vis vom Brunnen | **Tipp** In Grožnjan (siehe Seite 64) gibt es eine Konoba Baštia, die ebenfalls an den alten Hafen erinnert. Dieser war einst bedeutend, weil über Jahrhunderte hinweg hier vor allem venezianische Schiffe einliefen, um am kleinen Kai istrische Eiche für den Pfahlbau Venedigs oder für den Schiffsbau zu laden.

101 Glad tidings
Fresken der anderen Art

Wer heute durch Vodnjan geht, wird an vielen alten Wänden neue Malereien entdecken. So ist auf einem Haus ein seltsamer »Moon Rabbit« abgebildet, dann wiederum sieht man Folkloremalereien, ein anderes Mal steht man vor schöner Graffitikunst, und schließlich gibt es auch ganz gegenständliche grafische Werke oder erstaunliche surrealistische Arbeiten, wie die nebenstehend abgebildete Arbeit der ukrainischen Künstlergruppe Interesni Kazki aus dem Jahr 2013 – die Acrylarbeit trägt nicht umsonst den schönen Namen »Glad tidings«, denn sie war nichts weniger als das Pilotprojekt einer großartigen Idee: »Boombarstick« heißt das »Urban Arts & Music Festival of Vodnjan«, das jährlich vom 1. Mai bis 1. November hier abgehalten wird.

Nach Meinung der Initiatoren ist Istrien aufgrund seiner wechselhaften Geschichte ein Kaleidoskop an Ideen und Einflüssen und somit ein idealer Platz für freigeistiges, künstlerisches Denken. Zudem haben viele alte Steinhäuser ihre besten Jahre hinter sich, und so manche Fassade bröckelt. Doch statt die Häuser abzureißen, wollte Boombarstick mit seiner Idee der Fassadenmalerei ansetzen und mit den bunten Kunstwerken den Ort beleben. Mit dem Eintritt Kroatiens in die EU begann das Projekt im Jahr 2013.

Von Anfang an war Boombarstick als interaktives Kunstprojekt konzipiert, das erst durch die Verbindung des eigentlichen Festivals mit einheimischen Schülern und Studenten, Künstlern, Musikern, Kunsthandwerk, Schaustellern, Lebensmittelproduzenten, Köchen und nicht zuletzt der regionalen ländlichen Bevölkerung zu wahrem Leben erweckt wird. Ziel des Ganzen ist, dass Istrien seine einzigartigen Fähigkeiten und Möglichkeiten erkennt und mit Stolz vertritt, aber mitunter auch lernt, über seinen eigenen Schatten zu springen – oder wie Boombarstick sagt: »our culture is to create not to destroy, everybody welcome nobody excluded«. Ein wunderbares Projekt, das Vodnjan zu einem einzigartigen Freiluftmuseum werden lässt.

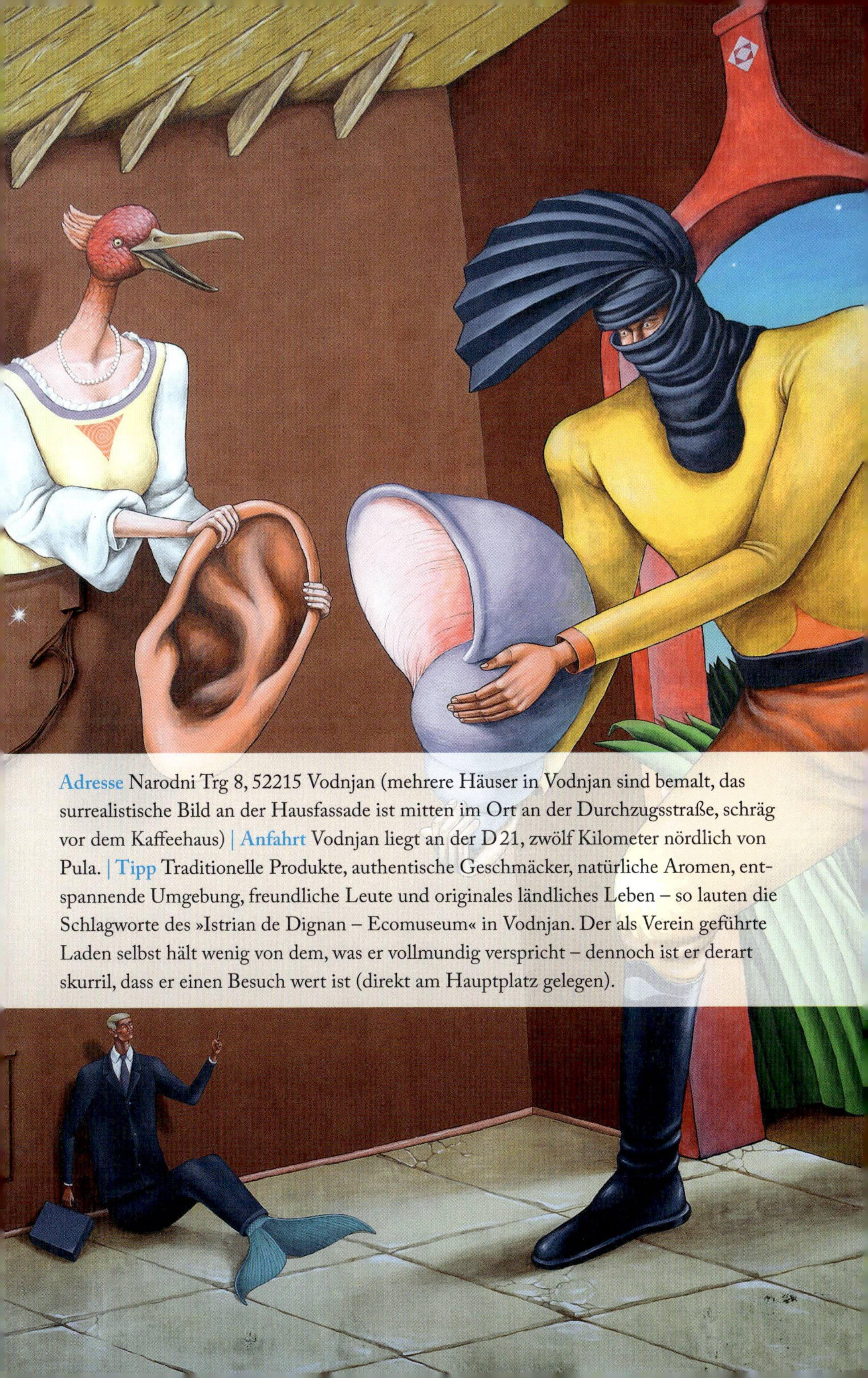

Adresse Narodni Trg 8, 52215 Vodnjan (mehrere Häuser in Vodnjan sind bemalt, das surrealistische Bild an der Hausfassade ist mitten im Ort an der Durchzugsstraße, schräg vor dem Kaffeehaus) | **Anfahrt** Vodnjan liegt an der D 21, zwölf Kilometer nördlich von Pula. | **Tipp** Traditionelle Produkte, authentische Geschmäcker, natürliche Aromen, entspannende Umgebung, freundliche Leute und originales ländliches Leben – so lauten die Schlagworte des »Istrian de Dignan – Ecomuseum« in Vodnjan. Der als Verein geführte Laden selbst hält wenig von dem, was er vollmundig verspricht – dennoch ist er derart skurril, dass er einen Besuch wert ist (direkt am Hauptplatz gelegen).

102 Die Kažuni

Steiniger Schutz vor Unwetter

Istriens gepflegte Felder sind bis heute von sorgsam geschichteten Steinmauern umgrenzt. Diese stammen zum Teil aus jahrhundertelanger Feldarbeit und wurden bei der Bearbeitung der Böden freigelegt. Lose aufeinandergestapelt, dienten sie zum Schutz vor Tieren und als Grenze zum Nachbarn gleichermaßen. Nur ein kleiner Zugang blieb frei, meist wurde dieser mittels eines Dornengestrüpps verschlossen. Weidende Schafe und Ziegen wurden so davon abgehalten, sich an den Kulturen genüsslich zu tun.

Oft wurden sogenannte Kažuni in diese Steinmauern eingearbeitet. Es handelt sich um kreisrunde Steinbauten mit einem niedrigen Eingang und einem kunstvoll aufgeschichteten kegelförmigen Dach, das mit einem schönen – manchmal sogar verzierten – Schlussstein geschmückt ist. Für den Bau wurde kein Mörtel verwendet; sowohl die für Mauern verwendeten Steine als auch die flachen Steinplatten für die Dächer wurden passgenau ausgesucht. Die Bauten dienten einerseits zum Schutz vor plötzlich einsetzenden Unwettern, andererseits zum Bewachen der Felder, um unerwünschten Mundraub zu verhindern. Die Bautechnik ist übrigens uralt, denn bereits die Bewohner der Castellieri (bronzezeitliche Burgstädte) haben sie angewandt.

Der Name »Kažun« stammt von den venezianischen *casoni* ab, einfache Hütten und Häuser der Fischer, Jäger und Bauern in der Lagune, die ebenfalls nur aus den Materialien der Umgebung erbaut wurden (allerdings in der Lagune zumeist aus Lehm, Schilf und Holz). Die Venezianer bezeichneten auch kleine dunkle Kabinen, wo man sich umkleiden konnte, als *casini*, und von diesen *casini* soll sich wiederum das Wort *casino* ableiten, womit an dieser Stelle die Spielhalle gemeint ist und nicht der Lärm. Allerdings bedeutet *casino* im Italienischen auch so viel wie Bordell oder Haufen, wobei zumindest Letzteres passen würde, wenn man die Kažuni als Steinhaufen betrachten möchte.

Adresse auf D 21 zwischen Vodnjan und Bale | **Tipp** Unweit von Vodnjan, das als »Zentrum der Kažuni« gilt, befindet sich Cisterna, eine Bucht südlich von Rovinj, die im Frühjahr einem blühenden Garten gleicht und als einer der Traumstrände Istriens gilt. Seinen Namen hat Cisterna von einer fest gemauerten römischen Zisterne, deren Überreste noch heute zu besichtigen sind und die zuweilen sogar mit Wasser gefüllt ist. Am Meeresboden findet man ganz leicht Relikte aus römischer Zeit (z. B. Tonscherben).

103__ Die Andrássy-Gedenktafel

Erinnerung an einen großen Staatsmann

Bereits seit dem 10. Jahrhundert gab es in Volosko einen Hafen, der im 18. Jahrhundert zu einem bedeutenden Zentrum für Schifffahrt, Werften und Seehandel wurde. Im 19. Jahrhundert verlor er aber seinen Einfluss an Rijeka und Opatija.

Einer der bekanntesten Einwohner Voloskos war Gyula Graf Andrássy, eine der schillerndsten Figuren der österreichisch-ungarischen Doppelmonarchie. Der Staatsmann und ungarische Patriot nahm 1848 aktiv an der ungarischen Revolution gegen Habsburg teil und war Anführer des Zempléner Landsturms im Kampf gegen die kaiserlichen Truppen bei Schwechat vor den Toren Wiens. Nach Niederschlagung des Aufstands wurde er zum Tode verurteilt, konnte aber nach Paris ins Exil flüchten, wo er seine Einstellung änderte und sich fortan für den Verbleib Ungarns in der Monarchie einsetzte, allerdings mit erweiterten Rechten. Dieser Sinneswandel war wahrscheinlich dem Einfluss der Freimaurer zu verdanken, deren Loge er inzwischen beigetreten war. 1860 konnte er nach Ungarn zurückkehren und war hier 1867–1871 Ministerpräsident. In dieser Funktion war er maßgeblich am österreichisch-ungarischen Ausgleich und ein Jahr später am ungarisch-kroatischen Ausgleich beteiligt. 1871 wurde er Minister des Äußeren von Österreich-Ungarn und somit nach dem Monarchen der wichtigste Staatsmann im Reich. Aufgrund seiner stattlichen Erscheinung und seines Charismas soll er besondere Erfolge auch bei der Damenwelt gehabt haben – eine leidenschaftliche Beziehung wird ihm unter anderem mit Kaiserin Sisi nachgesagt, die ihn mehrfach inoffiziell in seinem Haus in Volosko besucht haben soll.

1889 zog sich Andrássy aus der Politik zurück und verbrachte die letzten Monate seines Lebens auf seinem Anwesen in der Slowakei und hier in Volosko, wo er am 18. Februar 1890 in der Villa Minach verstarb. Eine Gedenktafel vor dem Haus erinnert an ihn.

Adresse Črnikovica 6, Volosko (51410 Opatija) | **Anfahrt** zu Fuß von der Promenade Lungo Mare auf Obala Frana Supila, rechts neben dem Restaurant Ampfora vis-à-vis Villa Minach | **Tipp** Der Ort Volosko verfügt heute über eine Reihe empfehlenswert guter Lokale. Wer es rustikal mag, der begebe sich in die Konoba Ribarnica Volosko, eine Fischhandlung mit angeschlossenem Imbiss (Ul. Andrije Štangera 5), schräg gegenüber liegt die Konoba Valle Losca mit einer verfeinerten Regionalküche (Ul. Andrije Štangera 2), und unten im Hafen hat das bekannte Restaurant Plavi Podrum (www.plavipodrum.com) geöffnet.

104_Das Wasserbecken
Eine mysteriöse Quelle

Das karstige Istrien ist voller Dolinen oder Fojben, wie man hier sagt. Die Fojben dienten seit jeher als »Müllschlucker«, in denen auch schon mal der eine oder andere ungeliebte Mitbürger verschwand. Tito-Partisanen entsorgten auf diese Weise verhasste Italiener und Nicht-Kommunisten; dieses Kriegsverbrechen an zumeist Zivilisten ist als das »Fojbe-Massaker« in die Geschichtsbücher eingegangen. Allerdings darf man an dieser Stelle auch nicht verschweigen, dass die italienischen Faschisten zuvor zwei Jahrzehnte die slawische Bevölkerung bis aufs Blut terrorisierten.

Mit alledem hat die geheimnisvolle Quelle Gott sei Dank nichts zu tun, außer dass sie auch in einer Art Höhle liegt. Über eine Treppe mit genau 14 Stufen gelangt man hinunter zu einer offenen Zisterne, nach einem Absatz führen weitere 14 Stufen zum Grund der Anlage, deren Fläche von einem Becken von etwa einem halben Meter Tiefe ausgefüllt wird. Unklar ist, inwieweit Menschenhand hier eingegriffen hat und was natürlichen Ursprungs ist. Das Becken wird von einer natürlichen Quelle, die auch im heißesten Sommer nicht austrocknet, gespeist und verfügt über einen Ablauf. Dem Vernehmen nach ist die Quelle seit ihrem Bestehen noch nie versiegt.

Vollkommen unklar ist bis heute, wozu diese Anlage diente und wie alt sie ist. Wahrscheinlich wurde die Quelle seit Urzeiten genutzt, doch die Anlage mit den zweimal 14 Stufen und dem geometrischen Wasserbecken lässt eher auf eine rituelle Nutzung schließen. Die Zahl 14 steht im christlichen Glauben einerseits für die 14 Nothelfer, aber auch für den Kreuzweg Christi (14 Stationen). Das legt die Vermutung nahe, dass es sich es hier um eine frühe Kultstätte oder gar ein Taufbecken gehandelt haben könnte.

Die Zahl 14 würde aber auch einmal mehr auf die Templer verweisen, denn der Haftbefehl gegen sie wurde wohlüberlegt und bewusst am 14. September 1307 (am Tag ihres wichtigsten Festes, der Kreuzerhöhung) ausgestellt.

Adresse Izvor kod Vošteni, bei Vošteni (52488 Sv. Lovreč) | **Anfahrt** auf D 21, bei
Sv. Lovreč, circa drei Kilometer östlich von Sv. Lovreč | **Tipp** Unweit liegt inmitten eines
unwegsamen Gebietes ein Wassertümpel mit einem einzigen sichtbar hervorstehenden
Felsen darin, im Volksmund »Omas Zahn« genannt. Dieser natürliche Brunnen entstand
dadurch, dass hier statt Kalk- ein Dolomitgestein vorherrscht, das wasserundurchlässig ist,
und sich so ein natürliches Frischwasserreservoir bilden konnte. Am besten bei der Höhle
Baredine (www.baredine.com) nach Silvije fragen – ohne ortskundige Führung findet man
»Omas Zahn« nicht!

105 — Die Casanova-Aussicht

»Wo sich das Glück zum Glücke findet«

Mit dem Fall des kommunistischen Regimes fiel auch die Prüderie des »realen Sozialismus«; seitdem zieren auch in Kroatien leicht bis wenig oder gar nicht bekleidete Damen die Cover von einschlägigen Magazinen und erfreuen die Augen der meist männlichen Kundschaft. Dem nicht genug: Auch die Tourismuswirtschaft hat erkannt, dass Erotik eine magnetische Anziehungskraft haben kann, und nutzt dies nicht nur im FKK-Bereich, sondern auch in Sachen Lifestyle und Kultur. Der ehemals kleine Fischerort Vrsar hat seine schönste Aussichtsplattform nach Casanova benannt, der hier des Öfteren geweilt hat und in seinen Memoiren den guten Fisch sowie den herrlichen Refosk lobte. Doch Casanova schrieb in seinen Memoiren auch über die Schattenseiten des Lotterlebens – als er im Jahre 1744 wieder mit dem Schiff in Vrsar anlegte, soll ihn der Chirurg des Ortes mit folgenden Worten empfangen haben:

»Sie haben die Haushälterin des Don Geronimo gekannt und ihr … ein Liebesandenken hinterlassen, das sie einem Freunde mitteilte, der ohne Arg damit seine Frau beschenkte. Diese wollte ohne Zweifel nicht zurückstehen und übertrug es auf einen Liebhaber, der seinerseits damit so freigebig war, dass ich in weniger als einem Monat 50 Patienten bekam. … ich kurierte alle Leute und ließ mich … gut bezahlen. … doch (in) einem Monat werde ich niemand mehr haben, denn die Krankheit ist erloschen. Sie werden jetzt die Freude begreifen, die mich bei Ihrem Anblick erfüllte. Sie schienen mir Glück zu verkünden. Darf ich mir schmeicheln, dass Sie einige Tage hierbleiben werden, um die Quelle meines Glücks von Neuem hervorsprudeln zu lassen?«

Dem Vernehmen nach hat Casanova (übrigens der erste dokumentierte Nacktschwimmer von Vrsar) beim örtlichen Priester genächtigt und dessen Haushälterin zwar als reizend empfunden, wohl aber auch andere Genüsse wie den Refosk, denn er schrieb: »(Ich) war leider nicht (mehr) imstande, ihr das zu beweisen.«

Adresse Ulica V. Nazora 16, 52450 Vrsar, auf dem Hügel in der Altstadt von Vrsar | **Anfahrt** auf D 75, circa zehn Kilometer südlich von Poreč | **Tipp** Nach Casanova ist auch die ehemalige Ulica Beogradska umbenannt worden – sie heißt jetzt »Ulica Casanova«; Casanova zu Ehren wird auch jedes Jahr ein »Casanova Erotik Festival« abgehalten. Die Bischöfe von Poreč wussten ebenfalls um die Annehmlichkeiten des Ortes und verbrachten hier am höchsten Punkt von Vrsar in einem Kastell ihre Sommerfrische.

106 __ LXX – M/I

»Little Stonehenge« in Istrien?

Der 2009 verstorbene Bildhauer Dušan Džamonja gehörte zu den Großen der Zunft und war für Arbeiten aus Corten-Stahl, Aluminium, Bronze, Eisen, Metall und Polyester in der Kunstwelt bekannt. Džamonja hatte sich unweit von Vrsar 1970 niedergelassen und einen eigenen Skulpturenpark aufgebaut. Trotz der touristischen Gegend kommen nur wenige Menschen hierher – schade eigentlich, denn die großartigen Werke wären es wert, bestaunt zu werden, und die von Kunst geschwängerte Atmosphäre im Park muss man einfach in sich aufsaugen.

Eine Figur erhebt sich besonders majestätisch aus dem stählernen Kreis, nämlich die Skulptur mit dem Nummern-Namen LXX – M/I. Sie überragt nicht nur die anderen Skulpturen, sondern ist zudem aus weißem Marmor gefertigt, ein Material, mit dem der Künstler höchst selten gearbeitet hat. So wie die Skulptur aufgebaut ist, wird man unweigerlich an Stonehenge erinnert, das ja nun ebenfalls Stoff für phantastische Legenden und mystische Deutungen geliefert hat. Die interessante Frage ist, was den Bildhauer dazu bewogen haben mag, eine solche Statue aus Marmor zu gestalten – war es etwa der nahe gelegene Steinbruch Montraker, der Džamonja hierzu inspirierte?

Drei zentrale Elemente machen Džamonjas Werk aus: die Entwicklung neuer Anwendungsweisen für traditionelle Materialien; der Versuch, die Härte des Metalls mit der Fluidität der Natur zu vereinen und architektonische Werke mit menschlicher Anwesenheit zu beleben. Tatsächlich fangen seine Skulpturen an zu leben; je länger man sie betrachtet, umso mehr menschliche Attribute interpretiert man hinein – manche besonders subtil abgerundete Skulpturen üben sogar eine geradezu fesselnde und ungemein erregende erotische Kraft auf den Betrachter aus. Vom Künstler gewollte Aussage oder alles nur hineininterpretierte Phantasie … beides wahrscheinlich, auf jeden Fall aber ergreifend!

Adresse Valkanela 5, 52450 Vrsar | **Anfahrt** auf D 75 circa acht Kilometer südlich von Poreč | **Öffnungszeiten** Juni, Juli, Aug. 9 – 20 Uhr, März, April, Mai, Sept. und Okt. 9 – 19 Uhr, Nov. – Feb. 9 – 17 Uhr | **Tipp** Aus der Bildhauerschule Montraker stammen auch die auffallend schönen und individuell gestalteten Poller des Hafens von Vrsar, die man leicht bei einem Spaziergang am Kai entlang besichtigen kann (auch in den Grünanlagen am Hafen stehen sehenswerte Skulpturen).

107__Die Sirene Milena

Natürlich aus Stein gemeißelt

Der FKK-Strand von Koversada gehört zu den bemerkenswertesten seiner Art, ist er doch quasi das Symbol für den Freikörperkult schlechthin. Offiziell begann der FKK-Kult hier im Jahr 1961, als die ersten Naturisten auf Anraten des Schwimmlehrers und Reiseveranstalters Rudolf Halbig auf die kleine Insel vor Vrsar kamen. Koversada wurde bereits ein Jahr später zum ersten kommerziellen FKK-Gelände, das öffentlich und nicht speziellen Naturisten-Vereinen vorbehalten war. Bis heute ist Koversada ein Anziehungspunkt für Naturisten aus aller Welt und gleichermaßen einer der traditionsreichsten wie auch schönsten FKK-Gelände der Adria.

Ob es am generellen Überfluss optischer Reize oder einfach nur daran liegt, dass ein nackter Körper in einem FKK-Gelände als zu natürlich empfunden wird, kann nicht Grund dafür sein, dass der hier befindliche Skulpturenpark so wenig Beachtung findet.

Die »Sirene Milena« ist ein Werk des italienischen Künstlers Federico Zambon und stammt aus dem Steinbruch Montraker östlich von Vrsar. Seit dem 14. Jahrhundert wurde hier Stein gebrochen und exportiert, unter anderem nach Venedig. Der feine, weißlich-graue Stein wird Surac genannt und eignet sich hervorragend für die Bildhauerei. In den frühen 1990er Jahren wurde der verlassene Steinbruch von Kunststudenten annektiert, heute beherbergt er eine internationale Bildhauerschule, wo junge akademische Künstler und ihre Professoren – mit Unterstützung professioneller Steinmetze – aus groben Steinblöcken feinsinnige Kunstwerke schaffen. Die Maistra-Gruppe, zu der auch Koversada gehört, ist einer der Sponsoren dieser Kunstschule und bekommt als Dank für die Unterstützung jedes Jahr eine Skulptur.

Mittlerweile stehen in Koversada zahlreiche Skulpturen verschiedenster Künstler – dass es sich dabei fast ausschließlich um Aktskulpturen (weibliche wie männliche gleichermaßen) handelt, ist natürlich rein der Kunst zu verdanken.

Adresse 52450 Vrsar, im FKK-Gelände von Koversada, am Strand – Milena steht rechter Hand der Verbindungsbrücke zur Insel | **Anfahrt** Der Campingplatz befindet sich circa zwei Kilometer südlich von Vrsar direkt am Meer. | **Öffnungszeiten** während der Saison zu besichtigen | **Tipp** In Koversada wird Olivenöl erzeugt. Auf der Insel Koversada liegt im Schatten alter Kiefern das Fischrestaurant Batana, von wo aus man einen schönen Blick auf die Bucht von Vrsar hat. Informationen zum Kamenolom Montraker unter Tel. +385/52432263.

108__Der schiefe Turm
Ein Campanile in der Geisterstadt

Bereits von Weitem sichtbar ist der von Zinnen gekrönte Campanile von Završje, der einst als Wehrturm diente. Doch im Gegensatz zu anderen schiefen Türmen ist seine Neigung von 40 Zentimetern nicht von überall gleich gut erkennbar – von mach einer Sichtweise her gar nicht. Am besten erkennt man die Neigung, wenn man sich direkt im Ort vor dem Turm befindet.

Der gesamte historische Stadtkern von Završje steht als städtebauliches Ensemble unter Denkmalschutz und ist in das Register der Kulturgüter der Republik Kroatien eingetragen. Bereits seit der Römerzeit wurde der Hügel über der Talschulter des Flusses Mirna besiedelt – einige römische Grabsteine sind an der Rückwand des alten Domes zu sehen, die meisten anderen Artefakte wurden aber nach Grožnjan gebracht. Die Stadt blickt auf eine turbulente Geschichte mit ständig wechselnden Besitzherren zurück; am längsten blieb Piemonte (wie der Ort auf Italienisch genannt wird) im Besitz der Contarinis, eine der ältesten, mächtigsten und reichsten Adelsfamilien Venedigs. Sieben Dogen stellte die Familie, und zahlreiche berühmte Paläste wie das Ca'd'Oro oder der wegen seiner skurrilen Wendeltreppe bekannte Palazzo Contarini del Bovolo sind heute noch in Venedig Sehenswürdigkeiten ersten Ranges.

Es geht heute eine eigenartige Morbidität von Završje aus, das den phantasierenden Geist seltsam intensiv inspiriert. Die Stadt wurde nach dem Ende des Zweiten Weltkriegs von der gesamten, vornehmlich italienischen Bevölkerung verlassen – wohl aus Angst vor Titos Kommunisten, die mit Italienern bekanntlich wenig zimperlich umgingen. Zurück blieb eine geheimnisvolle Geisterstadt mit einem eigenen Flair, der faszinierend und anziehend wirkt. Unweigerlich kommen einem Worte des Schriftstellers Milo Dor in den Sinn: »Mit gefällt gerade dieser ungeschminkte Zustand der alten, oft halb verfallenen Gebäude, weil er mich so stark an unsere Vergänglichkeit erinnert.«

Adresse Završje (52429 Grožnjan), der Turm steht in der Altstadt | **Anfahrt** von Buje aus Ulica Flavia Richtung Grožnjan, circa 13 Kilometer südöstlich von Buje | **Öffnungszeiten** nur von außen zu besichtigen | **Tipp** Rechts oberhalb des einzigen noch verbliebenen Stadttores befindet sich eingemauert ein Relief, das Ariadne und Theseus darstellen soll. Das Relief lässt aber auch die Deutung zu, dass es Ariadne und ihr Ehemann Dionysos sind. Aus dieser Verbindung ist unter anderem Sohn Oenopion hervorgegangen, der den Weinanbau verkörperte (bis heute ist das Wort »Oenologe« im Weinbau gebräuchlich) – in einer vom Wein dominierten Gegend wie dieser wäre das kein Zufall.

109_ Die Bukaleta
Krug für eine besondere Suppe

Alle Wege führen nach Rom. Nicht ganz, denn im südlichen ländlichen Teil Mittelistriens führen alle Wege nach Žminj; ein landwirtschaftliches Zentrum, dessen Hauptfest die sogenannte »Bartulja« ist, der größte Jahrmarkt Istriens. Am Ortsrand befindet sich die gemütliche Konoba Puli Pineta, welche eine einfache, aber frisch zubereitete Hausmannskost anbietet – als Spezialitäten des Hauses gelten die Pljukanci, eine Art »istrische Wutzinudel«, und die Istarska Supa, die istrische Suppe.

Es handelt sich hierbei genau genommen nicht um eine Suppe, sondern mehr um eine Art Glühwein, dessen Ursprünge bis in die Römerzeit zurückreichen dürften. Eines vorweg: Original zubereiten kann man die Suppe nur, wenn man – wie die Konoba Puli Pineta – einen offenen Kamin zur Verfügung hat.

Für zwei Personen röstet man zwei dicke Scheiben altbackenes Weißbrot auf dem Rost, bis die Ränder schwarz sind. Dann legt man die erste Scheibe in eine Bukaleta und gibt 250 Milliliter jungen Teran-Wein, zwei, drei Esslöffel Zucker (oder Honig), etwas Olivenöl und Pfeffer aus der Mühle darauf. Anschließend legt man die zweite Brotscheibe hinein und fügt erneut die gleiche Menge Wein, Zucker (oder Honig), Öl und Pfeffer hinzu. Den Krug stellt man neben die Glut des Feuers und erwärmt so die Suppe – alles leicht umrühren und servieren.

Das Wort Bukaleta stammt vom griechischen Wort *bokalion* ab; die Form dieses Tonkruges für Wein hat sich im Laufe der Jahrhunderte kaum verändert, lediglich die Bemalung und Dekoration ist aufwendiger geworden, das echte Handwerk leider seltener.

Die Supa hingegen findet man wieder häufiger auf Speisekarten; es ist ein Relikt aus Zeiten, da dies nicht selten das einzige Essen der armen Bauern war. Früher saßen die Familien rund um den Kamin und tranken die Supa aus einem gemeinsamen Krug – bis heute hält sich der Spruch: Wer zum Schluss das Brot isst, wird betrunken!

Adresse Konoba Puli Pineta, Karlov vrt 1, 52341 Žminj | **Anfahrt** auf Ž 5190, in Žminj in Richtung Orbanići abbiegen, nach 300 Metern auf der linken Seite | **Öffnungszeiten** täglich 16–22 Uhr, Juli, Aug. 17–22 Uhr | **Tipp** Die meisten erhältlichen Krüge stammen heute aus industrieller Produktion. Doch eine handwerklich erzeugte Bukaleta hat immer noch ihren ideellen Wert: Sie wird zum Beispiel speziell für Anlässe wie Hochzeiten, Geburten oder andere große Feierlichkeiten gefertigt. Die Töpferwerkstatt Merania von Massimo Jenkel im Ort Labin (Ulica 1, Maja 1) ist die letzte, welche eine echte handwerkliche Bukaleta mit der Töpferscheibe herstellt.

110_ Das Fensterchen
Belüftung für den Gärkeller

Im Stadtinneren von Žminj liegt etwas bergab nach Westen gelegen die kleine Ordenskirche des heiligen Antonius Abt aus dem Jahre 1381. Sie findet so gut wie gar keine Beachtung, denn entweder ist die gesamte Stadt wie ausgestorben, oder sie ist überfüllt, weil gerade die »Bartulja« stattfindet und kaum jemand ein Auge für dieses kulturhistorische Kleinod übrig hat. Dabei wäre schon das unverputzte Mauerwerk eine Sehenswürdigkeit an sich: Die perfekt gesetzten Steinquader passen so gut wie fugenlos aufeinander. Laut einer Fassadeninschrift wurde es von Meister Armigirius erbaut. Im Innengewölbe sind – sofern man den Schlüssel bekommt – wertvolle, aber stark beschädigte Fresken eines unbekannten venezianischen Meisters zu sehen, die wohl Ende des 14. Jahrhunderts angefertigt wurden. In der Apsis wird die Krönung der Muttergottes gezeigt, um sie herum musizierende Engel. Am Schiffgewölbe sind Szenen aus dem Leben des heiligen Anton des Einsiedlers dargestellt, daneben Szenen aus dem Leben Christi.

Es ist dem rührigen Archäologen Anton Gnirs und dem Thronfolger Franz Ferdinand zu verdanken, dass dieses Kleinod überhaupt noch existiert. Die Kapelle war nämlich säkularisiert und im Besitz einer Bäuerin namens Foška Peteh, die offenbar für Architektur und Malerei nur wenig übrig hatte. Sie benutzte die Kapelle als Presshaus und Gärkeller für ihren Wein – das gotische Fensterchen war da ein praktisches Element, um die Belüftung zu regulieren.

Bei seiner unermüdlichen Suche nach schützenswerten Kunstdenkmälern entdeckte Anton Gnirs das Kirchlein und kaufte für 400 Kronen der Bäuerin das Objekt ab. Franz Ferdinand streckte die Summe vor. Das Bemerkenswerte an diesem Handel ist, dass sich Gnirs mit kaiserlicher Hilfe über die gesamte Bürokratie des Denkmalamtes hinwegsetzte, das damals wie heute nicht für schnelle Verfahrensabwicklungen bekannt ist. Anton Gnirs und Franz Ferdinand konnten auf diese Weise viele Kunstdenkmäler vor dem sicheren Verfall bewahren.

Adresse Ulica Matka Laginje 2, 52341 Žminj, circa 200 Meter westlich hinunter von der Kirche des hl. Michaels am Hauptplatz in die Altstadt | **Anfahrt** auf E 751 Richtung Rijeka, Autobahnausfahrt Žminj | **Öffnungszeiten** das ganze Jahr über zu sehen | **Tipp** Am westlichen Ende des Ortes befindet sich die Kirche des heiligen Bartholomäus, Patron der Winzer und Bauern. Weil ihm bei seinem Märtyrertod in Armenien bei lebendigem Leib die Haut abgezogen wurde, ist er auch der Schutzheilige der Gerber und Tiere. Lebendiges Häuten haben sowohl die Türken als auch die Venezianer und sogar die Österreicher (Türkenbelagerungen von Wien) in ihren Kriegen praktiziert.

111 Das Agroturizam Tončić
Marenda mit Weitblick

Oftmals ist der Weg das Ziel – so auch in diesem Fall, denn die Anreise zu dem kleinen, aber sehr feinen Agriturismo der Familie Tončić führt durch eine wunderschöne und sehr reizvolle istrische Landschaft. Leicht zu finden ist Zrenj nicht, aber der Weg lohnt, denn was hier aufgetischt wird, ist nicht nur durchwegs hausgemacht, sondern vor allem geschmacklich wunderbar!

Egal ob Pršut und Salami von eigenen Schweinen, Wildschweinschinken oder Ombolo – gerade bei den wunderbaren Wurstwaren punktet man hier voll. Die saisonal abgestimmte Küche rundet mit hausgemachter Pasta, fein-rustikalen Wildgerichten oder Spezialitäten von Lamm, Pilzen oder Wildspargel das Angebot ab. Wer hier auf der Terrasse des Hauses seine Marenda (Jause / Vesper) genießt, bekommt einen traumhaften Ausblick ins weite Land dazu!

Apropos Marenda – tatsächlich wird die Jause / Vesper in Istrien so genannt und besteht zumeist aus Schinken, Wurstwaren, Käse und Oliven. Das Wort Marenda stammt vom spätlateinischen *merenda* ab und wird nicht nur in Istrien verwendet, sondern beispielsweise auch in Tirol, wo man die Brotzeit ebenfalls Marenda nennt. Beide Gebiete sind durch die Marenda enger verbunden, als man auf den ersten Blick glauben mag, denn einer der beiden Hauptwege der alten Säumer führte von Istrien kommend über die Alpen – die zweite Route kam aus Italien und ging über Tricesimo. Die Säumer führten zu Fuß und mit Lasttieren Waren wie Samt, Seide, Gold- und Silberwaren, Wein, Öl und Gewürze in den Norden und transportierten auf dem Rückweg Salz, Eisen, Leder, Wolle und Holz in den Süden. Der Name Säumer stammt von »Saum« ab – das war die Einheit für eine Last, die von einer Person getragen werden konnte. Die alten Saumpfade werden heute nur noch von Wanderern benutzt – die Marenda ist bis heute in den meisten Regionen, wo Säumer gingen, gebräuchlich: Essen verbindet offenbar dauerhaft!

Adresse Čabarnica 42, in Zrenj (52428 Oprtalj), Tel. +3852/644146 | **Anfahrt** D 300 von Buje nach Zrenj, circa 21 Kilometer östlich von Buje | **Öffnungszeiten** Fr, Sa und So 12.30 – 23 Uhr, den Rest der Woche nur nach Anmeldung | **Tipp** Der Ort Zrenj selbst kann sich rühmen, langjährige Heimat des heiligen Hieronymus gewesen zu sein (einige Historiker behaupten sogar, dass er hier geboren wurde) und über einen bemerkenswerten Glockenturm zu verfügen, denn von diesem aus kann man weit mehr Glockentürme von anderen Orten sehen als von jedem anderen vergleichbarer (kleiner) Orte Istriens.

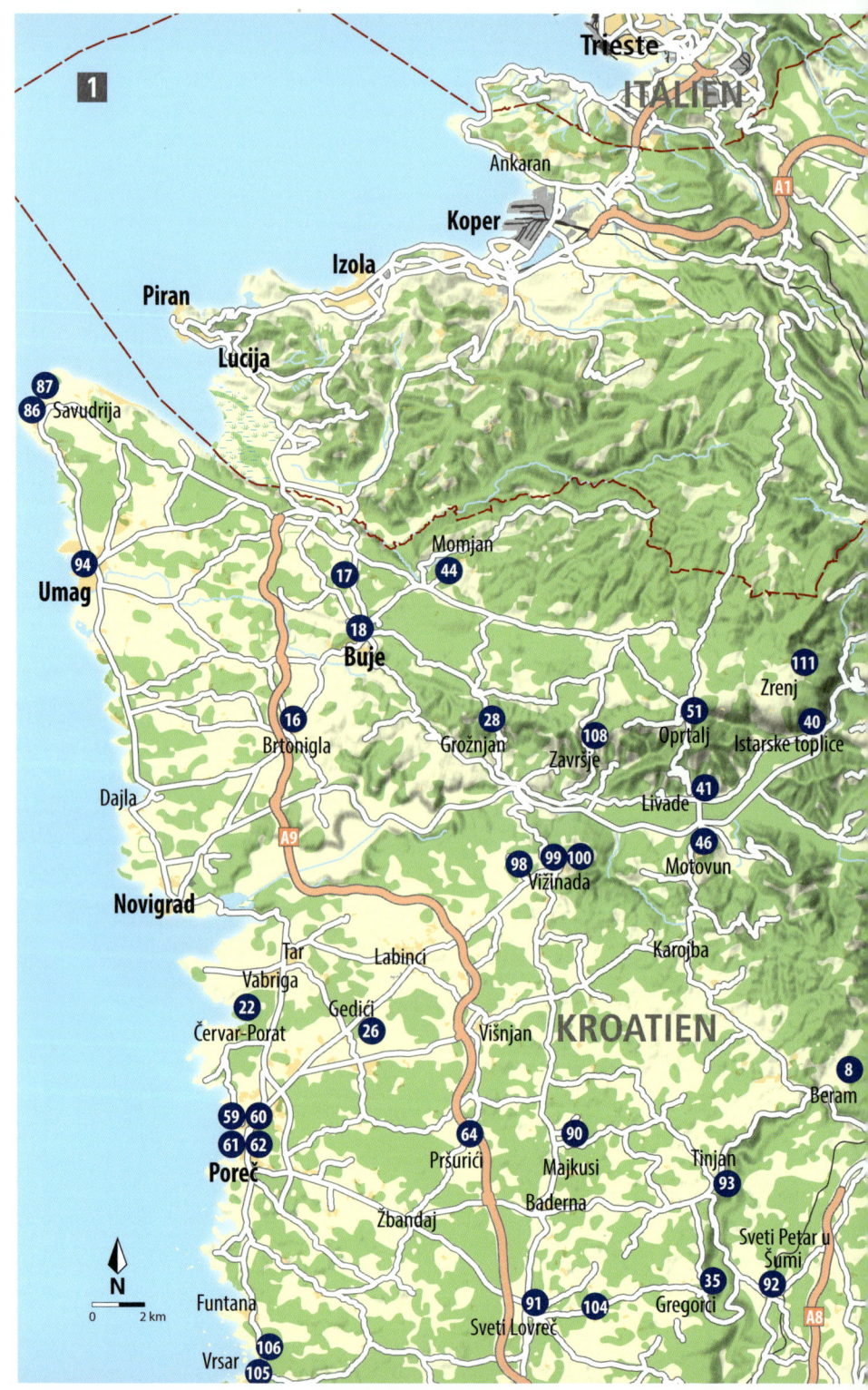

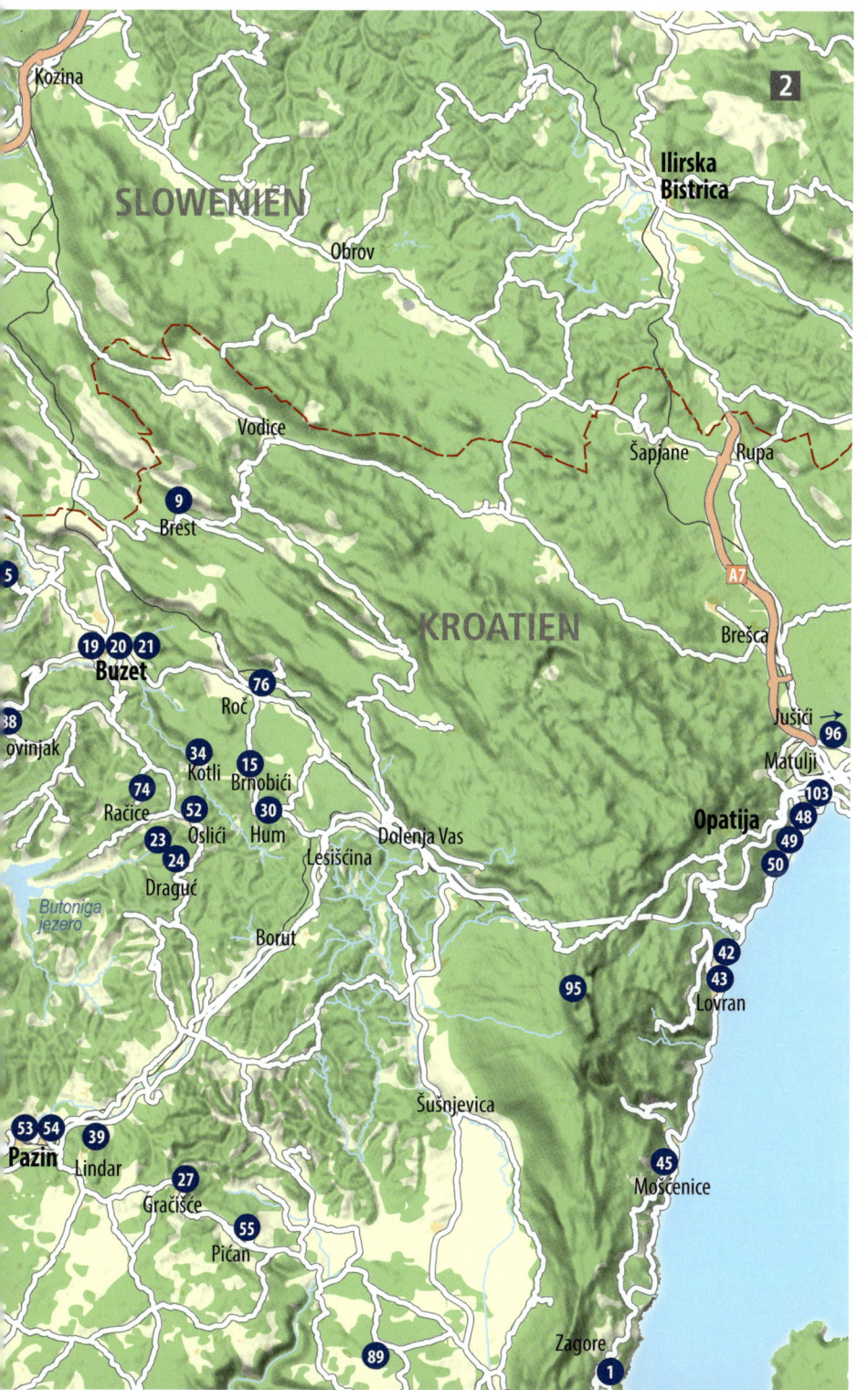

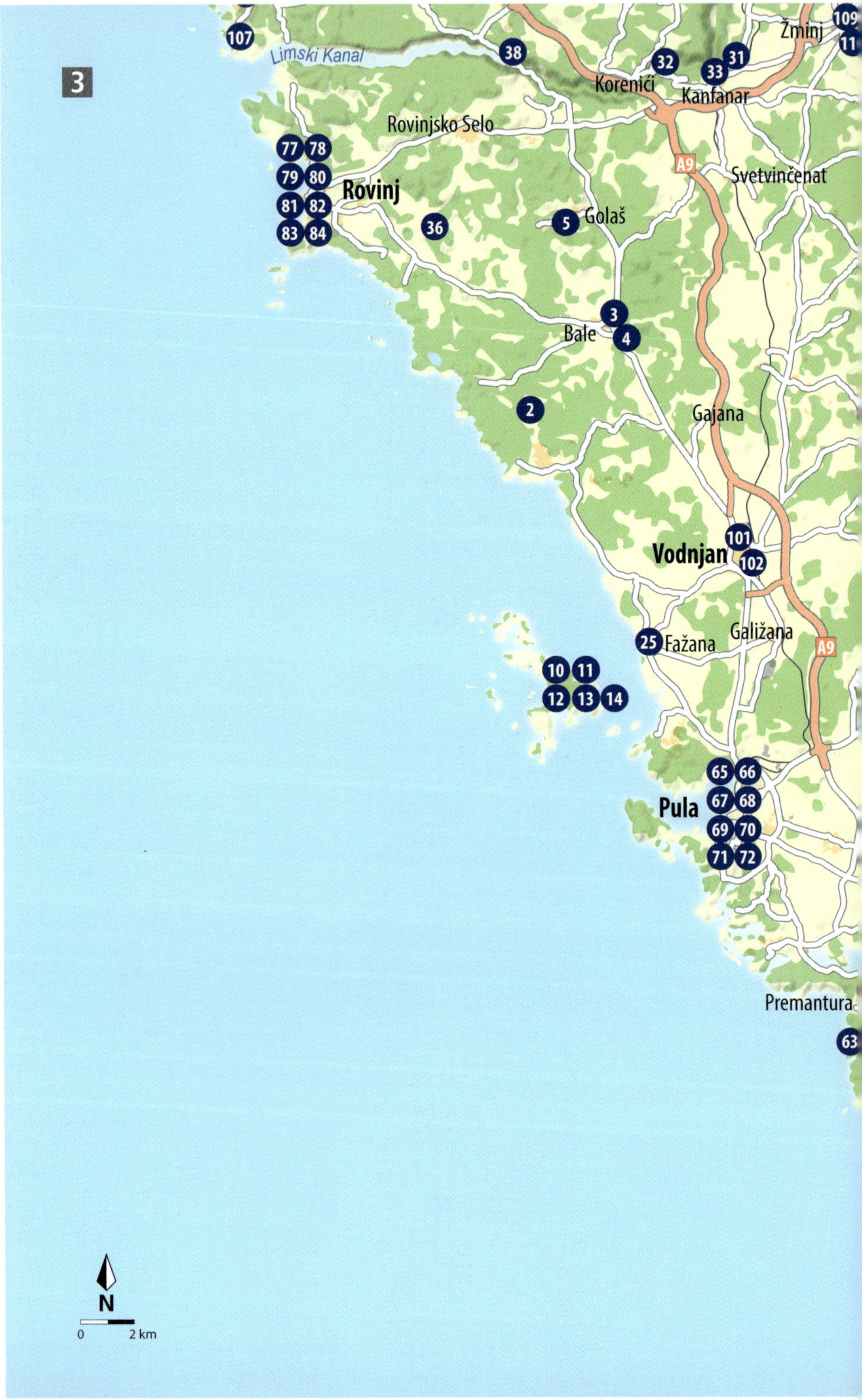

3

107

Limski Kanal

38

32

31 Žminj

109
11

Korenići

33

Kanfanar

Rovinjsko Selo

A9

Svetvinčenat

77 78

79 80

Rovinj

36

5 Golaš

81 82

83 84

3
4

Bale

2

Gajana

101

Vodnjan

102

Galižana

25 Fažana

A9

10 11

12 13 14

65 66

67 68

Pula

69 70

71 72

Premantura

63

N

0   2 km

29
Gržini

7
Jurićev Kal

Sveti Bartul
75

Labin
37

56
57 58
Plomin

73
Rabac

Vela Vrata

4

6
Barban

Raški Zaljev

Krnica
Mutvoran
47
Marčana

Koromačno

97
Valtura

Medulin

Ralf Nestmeyer
111 Orte an der Côte d'Azur, die man gesehen haben muss
ISBN 978-3-95451-563-9

Gerd Wolfgang Sievers
111 Orte im Burgenland, die man gesehen haben muss
ISBN 978-3-95451-229-4

Rüdiger Liedtke, Laszlo Trankovits
111 Orte in Kapstadt, die man gesehen haben muss
ISBN 978-3-95451-456-4

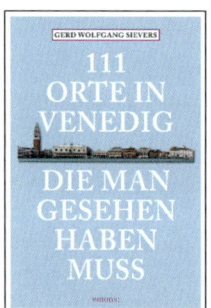

Gerd Wolfgang Sievers
111 Orte in Venedig, die man gesehen haben muss
ISBN 978-3-95451-352-9

Eckhard Heck
111 Orte in Maastricht, die man gesehen haben muss
ISBN 978-3-95451-368-0

Petra Sophia Zimmermann
111 Orte am Gardasee und in Verona, die man gesehen haben muss
ISBN 978-3-95451-344-4

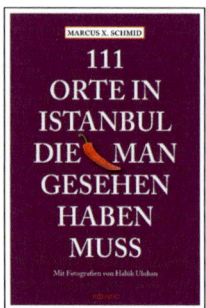

Marcus X. Schmid, Halûk Uluhan
111 Orte in Istanbul, die man gesehen haben muss
ISBN 978-3-95451-333-8

Christiane Bröcker, Babette Schröder
111 Orte in Stockholm, die man gesehen haben muss
ISBN 978-3-95451-203-4

Oliver Schröter
111 Orte für echte Männer, die man gesehen haben muss
ISBN 978-3-95451-228-7

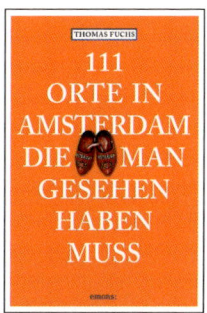

Thomas Fuchs
111 Orte in Amsterdam, die man gesehen haben muss
ISBN 978-3-95451-209-6

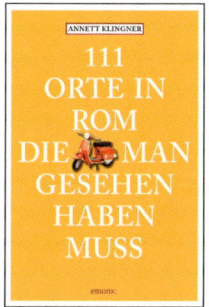

Annett Klingner
111 Orte in Rom, die man gesehen haben muss
ISBN 978-3-95451-219-5

John Sykes, Birgit Weber
111 Orte in London, die man gesehen haben muss
ISBN 978-3-95451-117-4

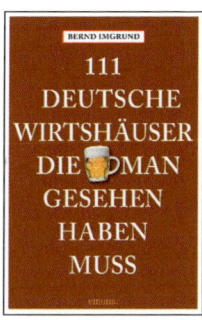

Bernd Imgrund
111 deutsche Wirtshäuser, die man gesehen haben muss
ISBN 978-3-95451-080-1

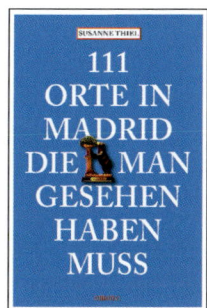

Susanne Thiel
111 Orte in Madrid, die man gesehen haben muss
ISBN 978-3-95451-118-1

Dirk Engelhardt
111 Orte in Barcelona, die man gesehen haben muss
ISBN 978-3-95451-066-5

Stefan Spath
111 Orte in Salzburg, die man gesehen haben muss
ISBN 978-3-95451-114-3

Ralf Nestmeyer
111 Orte in der Provence, die man gesehen haben muss
ISBN 978-3-95451-094-8

Peter Eickhoff, Karl Haimel
111 Orte in Wien, die man gesehen haben muss
ISBN 978-3-89705-969-6

Rike Wolf
111 Orte in Hamburg, die man gesehen haben muss
ISBN 978-3-89705-916-0

Rüdiger Liedtke
111 Orte auf Mallorca, die man gesehen haben muss
ISBN 978-3-89705-975-7

Lucia Jay von Seldeneck, Verena Eidel, Carolin Huder
111 Orte in Berlin, die man gesehen haben muss
ISBN 978-3-89705-853-8

Rüdiger Liedtke
111 Orte in München, die man gesehen haben muss
ISBN 978-3-89705-892-7

Lucia Jay von Seldeneck, Verena Eidel, Carolin Huder
111 Orte in Berlin, die man gesehen haben muss
Band 2
ISBN 978-3-95451-207-2

Bernd Imgrund, Britta Schmitz
111 Kölner Orte, die man gesehen haben muss
Band 1
ISBN 978-3-89705-618-3

Bernd Imgrund, Britta Schmitz
111 Kölner Orte, die man gesehen haben muss
Band 2
ISBN 978-3-89705-695-4

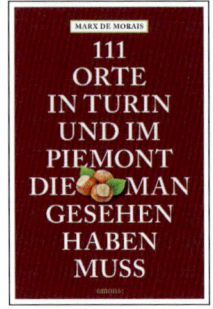

Marx de Morais
111 Orte in Turin und im Piemont, die man gesehen haben muss
ISBN 978-3-95451-736-7

Mercedes Korzeniowski-Kneule
111 Orte in Basel, die man gesehen haben muss
ISBN 978-3-95451-702-2

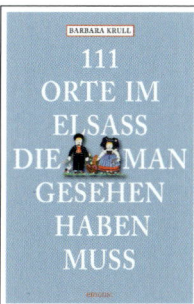

Barbara Krull
111 Orte im Elsass, die man gesehen haben muss
ISBN 978-3-95451-596-7

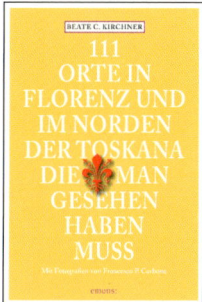

Beate C. Kirchner
111 Orte in Florenz und im Norden der Toskana, die man gesehen haben muss
ISBN 978-3-95451-513-4

Sina Beerwald
111 Orte auf Sylt, die man gesehen haben muss
ISBN 978-3-95451-511-0

Gerald Polzer, Stefan Spath
111 Orte in Graz, die man gesehen haben muss
ISBN 978-3-95451-466-3

Gerd Wolfgang Sievers
111 Orte der Wiener Küche, die man erlebt haben muss
ISBN 978-3-95451-337-6

Rüdiger Liedtke
111 Orte in München, die man gesehen haben muss
Band 2
ISBN 978-3-95451-043-6

Rüdiger Liedtke
55 ½ Orte rund ums Oktoberfest, die man gesehen haben muss
ISBN 978-3-95451-370-3

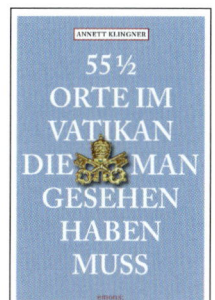

Annett Klingner
55 ½ Orte im Vatikan, die man gesehen haben muss
ISBN 978-3-95451-699-5

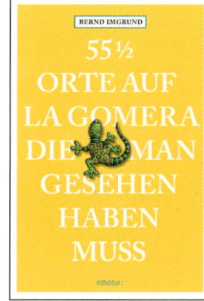

Bernd Imgrund
55 ½ Orte auf La Gomera, die man gesehen haben muss
ISBN 978-3-95451-700-8

Besonderer Dank gebührt meiner Assistentin, Dolmetscherin und Freundin Marina Šuran (www.reiseleiter-istrien.com); ohne sie wäre mir so manches Tor in Istrien wohl verschlossen geblieben. Mehr als 300 Orte und Lokale Istriens haben wir gemeinsam besucht und dabei so manche gleichermaßen geistreiche wie genussvolle Momente erlebt. Durch Marina habe ich Istrien nicht nur schätzen, sondern auch lieben gelernt.

Dank dem ART Redaktionsteam (www.art-redaktionsteam.at) von Wolfgang und Andreas Neuhuber für die organisatorische Unterstützung bei den vielen Foto-Recherche-Reisen.

Ein großer Dank dem TVB-Istrien (www.istra.hr/de) für das Beschaffen von Foto-Genehmigungen und die zahlreichen Hotel-Reservierungen.

Und schließlich sei auch Peter Lösch (Director Luxury Division) und dem gesamten Team vom LONE-Hotel (insbesondere Andrej Ružić) für die angenehmen Aufenthalte gedankt (www.maistra.hr).

Der Autor

Schon mit fünf Jahren stand **Gerd Wolfgang Sievers** lieber hinter dem Herd als auf dem Fußballplatz. Nach dem Studium der Publizistik absolvierte er seine Abschlussprüfung als Koch. Seit mehr als fünfzehn Jahren schreibt Gerd Wolfgang Sievers kulinarische und gastrosophische Kolumnen in verschiedenen Fachmagazinen und Zeitungen. Bisher veröffentlichte er im deutschsprachigen Raum fünfunddreißig Bücher. Im Emons Verlag erschienen bereits »111 Orte im Burgenland, die man gesehen haben muss«, »111 Orte in Venedig, die man gesehen haben muss« und »111 Orte der Wiener Küche, die man erlebt haben muss«. Er arbeitet in Wien und lebt im Burgenland und im Friaul (Italien).